Heide Niemann

Leselust
Kinder und Bücher – ein Ratgeber

Für Gert – danke

Ich danke der Buchhändlerin Monika Trapp für ihre
fachkundige Unterstützung und der Lektorin
Kerstin Wohne für die ideenreiche Zusammenarbeit.

Heide Niemann

Zur Autorin

Als Mitglied der Jury für den Deutschen Jugendliteraturpreis,
als Mitherausgeberin der Grundschulzeitschrift, als Direktorin
beim Niedersächsischen Landesinstitut für Schulentwicklung
und Bildung und als Präsidentin der Deutschen Gesellschaft für
Lesen und Schreiben (DGLS) – Leseförderung ist schon immer
das zentrale Anliegen von Heide Niemann gewesen. Mit dem Buch
„Mit Bilderbüchern Englisch lernen" und mit zahlreichen anderen
Veröffentlichungen in Fachzeitschriften und Sammelbänden hat
sie seit vielen Jahren ihre Ideen dazu vorgestellt.

Heide Niemann

Leselust

Kinder und Bücher –
ein Ratgeber

In den **gelben Kästen**, die sich durch das Buch ziehen, finden Sie Lesetipps für Kinder,

in den **blauen** weiterführende Literatur für Erwachsene.

Bibliografische Information Der Deutschen Bibliothek:
Die Deutsche Bibliothek verzeichnet diese Publikation in der Deutschen Nationalbibliografie; detaillierte bibliografische Daten sind im Internet über *http://dnb.ddb.de* abrufbar.

Impressum

Heide Niemann. **Leselust. Kinder und Bücher – ein Ratgeber**
©2004 Kallmeyersche Verlagsbuchhandlung GmbH
D-30926 Seelze-Velber
1. Aufl. 2004

Alle Rechte vorbehalten. Kein Teil dieses Werkes darf ohne vorherige schriftliche Genehmigung des Verlages in irgendeiner Weise gespeichert oder reproduziert werden. Nicht in allen Fällen war es uns möglich, den Rechteinhaber ausfindig zu machen. Berechtigte Ansprüche werden selbstverständlich im Rahmen der üblichen Vereinbarungen abgegolten.

Titelfoto: Claudia Below
Realisation: Friedrich Medien-Gestaltung
Lektorat: Kerstin Wohne
Druck: Jütte-Messedruck, Leipzig. Printed in Germany

ISBN 3-7800-2057-2

Vorwort

Ich bin Leserin. Schon früh haben mich meine Eltern an Bücher herangeführt, und dafür bin ich ihnen sehr dankbar. Sie haben meinen Schwestern und mir viel vorgelesen, vor allem aus den Grimmschen Märchen. Die zertanzten Schuhe und Rapunzel gefielen uns am besten, die anderen wollten wir oft gar nicht hören. Zu Geburtstagen und zu Weihnachten gab es immer Bücher. Wunderbare Stunden habe ich in einer gemütlichen Ecke oder im Garten unter Johannisbeerbüschen sitzend mit Johanna Spyri und Enid Blyton verbracht. Und dann war da auch noch der Bücherschrank, aus dem ich mich – zunächst wahllos, später dann gezielter – bedient habe.

Weil ich selbst erlebt habe, dass Lesen neue Welten und Erfahrungen eröffnet, möchte ich Eltern, Erzieherinnen und Lehrerinnen in ihrem Bemühen unterstützen, Kindern Bücher nahe zu bringen. Dabei sind mir die Kinder ganz wichtig, die nicht gern lesen und denen wir Erwachsene mit unseren hohen Ansprüchen oft den Zugang verbauen.

Eltern sind häufig die ersten Bezugspersonen, die ihre Kinder mit Büchern in Kontakt bringen. Sie können diese Chance nutzen, indem sie sich Zeit für ihre Kinder nehmen, sie beobachten, ihnen zuhören, ihnen vorlesen. Unterschiedliche Bücher anzubieten, Wahlmöglichkeiten zuzulassen und Geduld zu haben sind gute Voraussetzungen, um bei Kindern die Lust am Lesen zu wecken. Günstig ist es, wenn gemeinsam mit Müttern und Vätern später auch Kindergarten und Schule die Kinder auf diesem Weg in ihrer Leseentwicklung begleiten. Das erfordert aber Kenntnisse über solche Bilderbücher und Kinderbücher, die Kinder auch wirklich ansprechen. Also keine feste Liste von Büchern, die sie lesen müssen, sondern solche, die dem jeweiligen Kind etwas bedeuten, die es gern liest. Als Unterstützung finden Sie deshalb an vielen Stellen in diesem Buch aktuelle Lesetipps.

Es fällt Eltern nicht immer leicht, die Möglichkeiten zu sehen, die Fernsehen und Computer für das Lesen bieten. Mit den neuen Medien in all ihrer Vielfalt erreichen Eltern und Schule aber auch leseunlustige Kinder. Deshalb auch dazu Empfehlungen und Tipps.

Viel Spaß beim Lesen!
Heide Niemann

Allgemeines zum Lesen von Kindern

Warum überhaupt Bücher?	9
Die Bedeutung von Eltern für die Leseentwicklung ihrer Kinder	11
Wie wähle ich Bücher für Kinder aus?	13
Mädchen und Jungen lesen unterschiedliche Bücher	15
Sind teure Bücher besser?	17
Viele Kinder sehen fern, wollen aber nicht lesen	19
Computer und Bücher – passt das?	21
Vorlesen lassen	23

Vor der Schule (3–6 Jahre)

1.	Ich möchte gute Bilderbücher für Imke kaufen.	25
2.	Ich lese gerne, mein Sohn Frank fragt aber leider oft dazwischen.	27
3.	Julia will die teuren Bilderbücher unbedingt mit in den Kindergarten nehmen.	29
4.	Tim blättert gerne in Bilderbüchern, er versucht aber nicht selbst darin zu lesen.	31
5.	Nicole sieht viel fern, sie hat wenig Interesse an Bilderbüchern.	33
6.	Unsere Zwillinge wollen nur von mir Geschichten hören, mein Mann soll ihnen nicht vorlesen.	35
7.	Ole will immer wieder dieselben Geschichten hören, das ist doch langweilig.	37
8.	Ich habe so schöne Bilderbücher gekauft, Karen gefallen sie überhaupt nicht.	39
9.	Constanze kritzelt immer in ihre Bücher, sie malt auch mit Buntstiften in die Bilder hinein.	41

Leseanfänger (6–7 Jahre)

10.	Nadine liest schon selbst, sie will aber immer noch, dass ich ihr vorlese.	43
11.	Meine Kinder sind so unterschiedlich, der Älteste liebt Bücher, der jüngere liest überhaupt nicht.	45
12.	Hendrik kann schon lesen, er greift aber immer wieder zu Bilderbüchern.	47

13.	Anna kann gut lesen, macht beim Vorlesen aber viele Fehler.	49
14.	Esther guckt sich die Bücher, die wir ihr schenken, überhaupt nicht an.	51
15.	Katharina konnte lesen, als sie in die Schule kam, jetzt macht es ihr aber keinen Spaß mehr.	53
16.	André ist so fernsehbesessen, da bleibt keine Zeit zum Lesen.	55
17.	Annabelle fängt immer wieder neue Bücher an, liest aber keines zu Ende.	57
18.	Justus hat große Schwierigkeiten mit dem Lesen, er will aber auch nicht üben.	59
19.	Laura spielt am liebsten mit ihrem Bruder am Computer.	61
20.	Ich habe keine Zeit vorzulesen, da gebe ich meinen Kindern Kassetten.	63
21.	Andy liest nur Sachbücher.	65
22.	Katja fängt gerade an zu lesen, sie wünscht sich Bücher, die sie selbst lesen kann.	67

Selbstleser (7–10 Jahre)

23.	Lina will nicht lesen.	69
24.	Christina liest immer wieder dieselben Bücher.	71
25.	Max liest fast nur Detektivgeschichten.	73
26.	Yvonne liest mit Vorliebe Bücher ihrer älteren Schwester.	75
27.	Bettina will Bücher, die sie mag, immer um sich haben.	77
28.	Tom hat keine Lust zum Lesen, seine Schwestern sind richtige Leseratten.	79
29.	Charlotte liest nur Pferdebücher.	81
30.	Carsten will immer noch Märchen hören, aber dafür ist er mit seinen neun Jahren doch zu alt.	83
31.	Alexander geht regelmäßig in die Stadtbücherei, die ausgeliehenen Bücher liest er aber nicht.	85
32.	Jan liest nur Comics.	87
33.	Anke sitzt viel am Computer, sie hat kein Interesse an Büchern.	89
34.	Stefanie will schon englische Bücher lesen.	91

►	Mädchenbücher – Jungenbücher	92
►	Kontaktadressen	94
►	Stichwortverzeichnis	95

Heinz Bonfadelli,
Priska Bucher (Hrsg.) (2002):
Lesen in der Mediengesellschaft.
Pestalozzianum.

Bettina Mähler,
Heinrich Kreibich (2003)
**Spaß am Lesen. Leseförderung in
der Mediengesellschaft.**
OZ Verlag

ALLGEMEINES

Warum überhaupt Bücher?

In einer von elektronischen Medien bestimmten Welt scheinen Bücher altmodisch zu sein. Lesen ist aber eine zentrale Voraussetzung für den Umgang mit unterschiedlichen Medien, und wer diese Kulturtechnik nicht beherrscht, steht in der Berufswelt am Rande. Studien zeigen, dass das Buch in der Informationsgesellschaft weiterhin einen wichtigen Platz einnimmt. Die Zahl der gelesenen Bücher ist in der Bundesrepublik gestiegen, die Verkaufszahlen sind hoch. Krimis, Reiseführer, Handbücher, Romane, Bildbände, Comics – ein breites Spektrum umfasst der Begriff „Bücher". Immer bestimmen Leser selbst das Lesetempo, ohne Einsatz zusätzlicher Hilfsmittel, und immer ist die Aufmerksamkeit auf eine einzige Informationsquelle gerichtet.

Das veränderte Freizeit- und Kommunikationsverhalten beeinflusst die Nutzung des Buches, und es kommt zu Verbindungen zwischen den neuen Medien und dem Buch. Auch das Lesen selbst hat sich bei vielen Menschen verändert: Bücher werden immer schneller und oft nur überfliegend gelesen, häufig sind es auch mehrere Bücher gleichzeitig. Bei Erwachsenen steht die Suche nach Informationen mittlerweile an erster Stelle, früher war es die Suche nach Entspannung. Mädchen und Jungen bevorzugen sowohl bei den gedruckten als auch bei den elektronischen Büchern die fantastische Literatur, Bücher also, die nicht auf Informationsentnahme gerichtet sind.

Das Eintauchen in fremde Welten und das Hineindenken und -fühlen in andere Personen ermöglichen Zugang zu unterschiedlichen Lebensentwürfen und ein Entfalten der Vorstellungskraft – Momente, die Buchlesern wichtig sind. Intensive Computer- und Internetnutzer machen die Erfahrung, dass das sinnliche Vergnügen des Bücherlesens nicht mit dem Lesen am Computer gleichgesetzt werden kann, auch sie lesen Bücher zur Entspannung.

► **Lesen ist eine grundlegende Kulturtechnik.**

► **Die neuen Medien haben das Buch nicht verdrängt.**

► **Bücher zu lesen bedeutet Eintauchen in fremde Welten, Zugang zu verschiedensten Lebensentwürfen und Entfalten der Fantasie.**

Bettina Hurrelmann,
Michael Hammer,
Ferdinand Nieß (1993):
**Lesesozialisation –
Leseklima in der Familie.**
Bertelsmann Stiftung.

Madeleine Willing (2004):
Mein Kind entdeckt das Lesen.
Loewe.

Christiane Dettmar-Sander (2004):
Durch Lesen die Welt entdecken.
Cornelsen. Reihe: Cornelsen
Eltern-Sprechstunde.

ALLGEMEINES ▰

Die Bedeutung von Eltern für die Leseentwicklung ihrer Kinder

Indem Eltern mit ihrem Kind sprechen, ihm etwas zeigen und ihm einfache kleine Geschichten erzählen, legen sie bereits die Grundlage für das spätere Verstehen von Texten. Reime, Fingerspiele, kurze Gedichte und Lieder – diese Formen mündlich überlieferter Kinderliteratur prägen sich den Kindern durch häufiges Wiederholen ein. Schon für Kleinkinder gibt es ein großes Angebot an Bilderbüchern, vielfach in strapazierfähiger Aufmachung. Sie führen Kinder in den Umgang mit Büchern ein, fordern sie auf, sich zu äußern und Fragen zu stellen. Das Kind liest nicht selbst, aber es schaut, zeigt, hört zu und spricht nach – zunächst einzelne Wörter und Ausrufe, dann zunehmend Sätze. Das „Wie" des Vorlesens ist besonders wichtig: Zeit und Ruhe und passend ausgewählte Bücher. Eltern sind Vorbilder, das gilt auch für das Lesen. Ihr Interesse, ihre Freude und Begeisterung am Vorgelesenen beeinflussen die Kinder. Wenn es ihnen zudem gelingt, bei den Leseversuchen geduldig zu sein, erleichtern sie ihren Kindern den Weg. Leselust entwickelt sich, wenn Kinder merken, dass ihr Lesen nicht mit Leistungsansprüchen verbunden ist.

Ungefähr mit sechs Jahren, in vielen Fällen schon früher, beginnen Kinder die Schriftsprache bewusster wahrzunehmen. Bei der Entdeckung, dass Schrift zum Alltag gehört, versuchen Kinder Schriftzeichen in Werbung, Zeitungen, Fernsehen, Straßenschildern, Bilderbüchern, Verpackungen, Postkarten zu entziffern. Kinder sind dabei zunächst noch abhängig von Erwachsenen, die sie unterstützen. Erreicht das Kind allmählich die Stufe des selbstständigen Lesens, bleibt das Vorlesen weiterhin ein wichtiger Motor.

Die skizzierte Entwicklung verläuft bei jedem anders. Sie ist unter anderem abhängig von psychischen und körperlichen Momenten und von einer lesefreundlichen Umgebung.

▶ **Für die Leseentwicklung ist jede frühe und lustvolle Beschäftigung mit Sprache sinnvoll.**

▶ **Vorlesen ist wichtig, damit Kinder ein gutes Verhältnis zu Büchern entwickeln.**

▶ **Wenn Kinder beginnen, selbstständig zu lesen, kommt dem Vorlesen vor allem emotionale Bedeutung zu.**

Bettina Hurrelmann (Hrsg.) (1995):
Klassiker der Kinder- und Jugendliteratur.
Fischer.

Monika Osberghaus (2003):
Was soll ich denn lesen?
50 beste Kinderbücher.
 Deutscher Taschenbuchverlag.

Hits für Kids – Das Bücher-Medien-Magazin.
Mainstr. 2, 65462 Gustavsburg.
(erscheint zweimal im Jahr, vor Ostern
und vor der Frankfurter Buchmesse,
über den Buchhandel zu beziehen)

Radio

Hessischer Rundfunk (hr2)
Domino – Radio für Kinder
Jeden ersten Samstag im Monat
14.05 –15.00 Uhr,
darin Lesezeichen/Lesetipps von
und für Kinder

Radio Bremen und Norddeutscher
Rundfunk (Nordwestradio)
Kinderzeit – Radio für 3- bis 12-Jährige,
sonntags, 8.05 – 9.00 Uhr

ALLGEMEINES ■

Wie wähle ich Bücher für Kinder aus?

Buchhandlungen und Büchereien bieten Eltern viele Orientierungsmöglichkeiten. Die Fachkräfte kennen sich auf dem Buchmarkt aus und können auf die Leseerfahrungen anderer Kinder verweisen. Presse, Fernsehen und Radio stellen regelmäßig Neuerscheinungen vor, Schulen und Kindergärten verteilen Bücherlisten oder organisieren Buchausstellungen. Der Arbeitskreis für Jugendliteratur (s. S. 96) gibt jährlich Empfehlungen in den Sparten Bilderbuch, Kinderbuch, Sachbuch und Jugendbuch heraus und dabei werden häufig auch bestimmte Verlage oder Autoren vorgestellt.

Märchen, Detektiv-, Tier- und Abenteuergeschichten, Comics, Sachbücher, Bilderbücher – was auch immer Eltern auswählen, die Interessen, das Alter, die Verstehens- und Lesefähigkeit und die intellektuelle Entwicklung des Kindes müssen berücksichtigt werden. Es macht einen großen Unterschied, ob ein Buch vorwiegend angeschaut, vorgelesen oder vom Kind selbst gelesen werden soll. Wenn das Kind selbst liest, ist auf Länge des Textes auf den einzelnen Seiten, Schriftgröße, Satzbau und Wortwahl ebenso wie auf die Unterstützung durch Illustrationen zu achten.

Aber auch die eigene Einschätzung ist wichtig: Gefällt mir das Buch, nehme ich es gern in die Hand, würde ich es lesen wollen? Es geht darum, eine Balance zu finden zwischen den eigenen Vorlieben und denen der Kinder. Gemeinsames Aussuchen von Büchern ist deswegen immer hilfreich.

Trotz der Vielfalt an neuen Titeln haben etliche Klassiker der Kinder- und Jugendliteratur überlebt, so z. B. *Tom Sawyer, Pippi, Heidi, Emil.* Sie fordern zur Identifikation auf und stellen Wunschwelten dar – ein Gegensatz zu den oft in der Schule gelesenen problemorientierten Büchern.

Lust am Lesen zu wecken hat oberste Priorität. Das bedeutet, bewusst auch witzige und komische Bücher einzubeziehen.

▶ **Sprechen Sie Fachkräfte in Buchhandlungen und Büchereien bei der Suche nach geeigneten Büchern an.**

▶ **Es macht einen großen Unterschied, ob ein Buch vorwiegend angeschaut, vorgelesen oder vom Kind selbst gelesen werden soll.**

▶ **Bücher, die Sie für Ihre Kinder auswählen, sollen vor allem die Lust am Lesen wecken.**

Andrea Bertschi Kaufmann
(Hrsg.) (1989):
Lesen und Schreiben im offenen Unterricht.
Sabe Verlag.

Hans Brügelmann/Heiko Balhorn/
Iris Füssenich (Hrsg.) (1995):
Am Rande der Schrift.
Libelle Verlag.

Theresia Maria de Jong (2003):
**So mache ich mein Kind
fernseh- und medienfit.**
Eichborn.

Jan-Uwe Rogge (Neuausgabe 1999):
**Kinder können fernsehen.
Vom Umgang mit der Flimmerkiste.**
Rowohlt.

Beate Weymann-Reichardt (2003):
Kindern klare Grenzen setzen.
Südwest.

ALLGEMEINES

Sind teure Bücher besser?

Auf dem Büchermarkt gibt es ein Nebeneinander von teuren und preiswerten Büchern, das Eltern die Wahl schwer macht. Bücher, insbesondere Bilderbücher, sind manchmal so teuer, dass Eltern sich darüber wundern. Der Preis hängt von vielen Dingen ab: Illustrationen, Farben, Darstellung der Figuren, Text, Druckbild, Papierqualität, Aufmachung. Teurere Ausgaben sind hierbei denn auch oft besser. Aber nicht immer ist das zwingend, auch preiswerte Bücher sind bisweilen von einer erstaunlichen Qualität. Der Preis bietet also keinen festen Anhaltspunkt für die Auswahl, viel wichtiger ist, dass das Buch dem Kind gefällt.

Preise richten sich auch nach der Art der Ausgabe; so sind gebundene Bücher in der Regel teurer als Taschenbücher. Viele Bücher erscheinen zunächst in gebundener Ausgabe, und danach dauert es oft einige Zeit, bis sie als günstiges Taschenbuch herausgegeben werden. In preiswerten Taschenbuch-Reihen, wie z.B. *rororotfuchs, dtv. junior* oder *Fischer Schatzinsel*, erscheinen die Titel gleich als Taschenbuch. Darunter sind auch reich bebilderte und preiswerte Erstlesereihen, die sich gut zum Vorlesen eignen und die Kinder später gern selbst lesen.

Kinder lernen sowohl aus Illustrationen als auch aus Texten – auf die Qualität beider ist also zu achten. Führt ein überhöhter Qualitätsanspruch aber dazu, dass das Kind nur selten Bücher erhält, müssen Abstriche gemacht werden. Kinder spüren selbst, wenn Bücher lieblos geschrieben und schlecht illustriert sind, und bei zunehmender Leseerfahrung stören sie sich daran.

Regelmäßige Bibliotheksbesuche bieten die Möglichkeit, Kinder an Bücher heranzuführen, die in der Anschaffung zu teuer sind. Auch Kinderzeitschriften, Comics und Kinderseiten in Illustrierten machen Lust auf Lesen und sind nicht teuer.

▶ **Aufwändig gemachte Bücher sind nicht automatisch reizvoll für Kinder.**

▶ **Qualität zeigt sich nicht immer am Preis.**

▶ **Für teurere und besonderere Bücher sind Bibliotheken und auch Bücherflohmärkte gute Quellen.**

Simone Leinkauf (2003):
Leseratte, Bücherwurm & Co.
beustverlag.

Preiswert ist die Reihe
„MINIMAX" beim Beltz Verlag.
Hier werden so bekannte
Bilderbücher angeboten wie:

Helme Heine:
Freunde

Janosch:
Oh, wie schön ist Panama

Leo Lionni:
Frederik

Jutta Bauer:
Kein Tag für Juli

Mädchen und Jungen lesen unterschiedliche Bücher

Geschlechtsspezifische Unterschiede beim Lesen lassen sich nicht leugnen. Sogar Eltern, die bewusst versuchen, in der Erziehung Rollenklischees zu vermeiden, erziehen ihre Töchter und Söhne häufig unterschiedlich. So weisen sie Mädchen eher ruhige Tätigkeiten zu, das Verhalten ihrer herumtollenden Jungen hingegen tolerieren sie als „typisch jungenhaft".

Frauen haben als Mütter und als Lehrerinnen einen starken Einfluss auf die Leseentwicklung von Kindern. Das führt oft dazu, dass Jungen, die sich in ihrer Selbstfindung an männlichen Personen orientieren wollen, dem weiblich vermittelten Leseangebot skeptisch gegenüberstehen. Dies umso mehr, als die von Frauen ausgewählten Bücher in der Mehrzahl zur erzählenden Literatur gehören.

Mädchen lesen mehr, und sie lesen intensiver. Sie haben stärkere Leseerlebnisse, da bei ihnen die Fähigkeit, sich gefühlsmäßig auf Geschichten einzulassen, stärker ausgeprägt ist. Entsprechend diesen Zuschreibungen wählen sie häufig Bücher mit gleichaltrigen Heldinnen, um sich identifizieren zu können. Jungen hingegen greifen eher zu Detektiv- und Abenteuergeschichten und Sachbüchern.

So genannte Mädchenbücher und so genannte Jungenbücher zeigen klare Rollenstereotypen. Darin sind die Heldinnen angepasster, weniger draufgängerisch, weniger mutig. In Büchern, in denen die Geschlechter gleichermaßen Anteil am Geschehen haben, sind Jungen oft diejenigen, die die Initiative ergreifen und den Überblick haben. Die Mädchen nehmen eher eine unterstützende, helfende Rolle ein. Zum Aufbrechen des Rollenverhaltens beim Lesen bieten sich mehrere Möglichkeiten: Kinder tauschen sich über ihre Lesevorlieben aus, sie lesen Bücher, die die Gefühle beider Geschlechter zueinander ansprechen, ebenso wie solche, die gegen die Klischees arbeiten (s. S. 92 ff.).

ALLGEMEINES ◾

▶ **Leseverhalten und Vorlieben für Stoffe und Genres unterscheiden sich bei Mädchen und Jungen.**

▶ **Um Leselust zu wecken, sollten die Interessen und Bedürfnisse jeden Kindes befriedigt werden.**

▶ **Rollenverhalten beim Lesen lässt sich mit untypischen Angeboten aufweichen.**

Viele Kinder sehen fern, wollen aber nicht lesen

Fernsehen gehört zu den beliebtesten Freizeitbeschäftigungen von Kindern. Die durchschnittliche Sehdauer liegt bei ungefähr zwei Stunden am Tag, und jedes dritte Kind zwischen sechs und 13 Jahren besitzt bereits einen eigenen Fernseher. Kinder tauschen sich über das Fernsehen aus, oft spielen sie Situationen nach. Es macht aber auch Angst, und vielfach stehen sie noch lange unter dem Eindruck eines Films. Kinder bis zu zehn Jahren können nicht immer eindeutig zwischen Realität und Fernsehen unterscheiden, und sind die häufigen Bildwechsel sowie das Übermaß an visuellen Reizen und Informationen überfordern sie oft.

Empfehlungen zum Fernsehkonsum von Kindern schließen oft das Fernsehen für Kinder unter drei Jahren völlig aus und sehen nur eine behutsame Erhöhung der Dauer vor: bis zum Alter von fünf Jahren maximal eine halbe, bis zum Alter von sieben Jahren maximal eine Stunde. Es ist sicherlich für viele Eltern interessant, einmal Buch zu führen über die Zeit, die ihr Kind vor dem Fernseher verbringt.

Kinder lernen in starkem Maße über Vorbilder, und wenn sie erleben, dass ihre Eltern häufig fernsehen, fragen sie sich, warum sie selbst lesen sollen. Untersuchungen zum Leseverhalten von Kindern stellen den engen Zusammenhang zwischen Elternhaus und Medienverhalten heraus. So zeichnen sich Wenigleser in der Regel durch häufigen Bildschirmkonsum aus, wobei viele Kinder aber auch beide Medien in ihrer Verschiedenartigkeit gut nebeneinander nutzen.

Das Fernsehen hat auch zur Belebung des Buchmarktes beigetragen, u. a. durch erfolgreiche Verfilmungen von Kinderbüchern, durch Buchbesprechungen und -empfehlungen. Es geht also nicht um das Entweder-oder, es geht um ein Medienverhalten, bei dem die Kinder nicht wahllos alles sehen, sondern in ausgesuchten Sendungen ihrem Alter entsprechende Angebote erhalten.

▶ **Fernsehen gehört zu den beliebtesten Freizeitbeschäftigungen von Kindern und Erwachsenen.**

▶ **Medienverhalten wird in der Familie gelernt.**

▶ **Wer selbst nie liest, wird seine Kinder nicht vom Fernseher weglocken können.**

Thomas Feibel (2002):
Was macht der Computer mit dem Kind?
Kinder im Medienzeitalter
begleiten, fördern und schützen.
OZ Verlag. 12,90 Euro.

Thomas Feibel (2003):
Der Trick mit dem Klick.
Was man über Computer und die Reise
ins Internet wissen muss.
Rowohlt.
(richtet sich an Kinder ab 10)

ALLGEMEINES

Computer und Bücher – passt das?

Vor Jahrzehnten wurde vorhergesagt, dass der Einzug des Computers das Lesen völlig verdrängen würde. Die negativen Prognosen haben sich aber vor allem bei den Kinder- und Jugendbüchern geirrt. Hier gibt es ein vielfältigeres Angebot als je zuvor, und etliche erfolgreiche Titel, wie z. B. Harry Potter, übersteigen die Verkaufsraten von Büchern für Erwachsene. Hinzu kommt, dass Computernutzer auch bei der Zahl und Häufigkeit des Lesens vorn liegen.

Bei den liebsten Freizeitbeschäftigungen der Kinder nimmt der Umgang mit dem Computer einen hohen Rang ein. Besondere Faszination üben Spiele aus, die die Spieler aktivieren, dabei handelt es sich oft um Schieß- und Kriegsspiele. Die zunehmende Gewalt auch unter Kindern scheint mit gewalttätigen Computerspielen in Zusammenhang zu stehen. Es ist deshalb unerlässlich für Eltern, die Software zu kontrollieren.

Schulische Leseförderung nutzt die Erfahrungen von Kindern mit dem Medium und intensiviert durch die Computernutzung die enge Beziehung zwischen Lesen und Schreiben. Insbesondere Kinder mit Schreibhemmungen sind so eher zum Schreiben zu motivieren, da Fehler leichter beseitigt werden können und mehrfaches Abschreiben von Texten entfällt. Ein anderer wichtiger Gesichtspunkt gerade für Schreibanfänger: Die mit dem Computer geschriebenen Texte ähneln denen der Erwachsenen. Es gibt inzwischen eine riesige Auswahl von Übungs- und Lernangeboten für den Computer, diese Software sollte aber gründlich geprüft werden, da viele Computer-Lernspiele schematische Übungen ohne besondere Lernanreize enthalten.

Viele Kinderbücher sind inzwischen als CD-ROMs erhältlich. Für Kinder, die Interesse am Computer haben, können sie oft ein Einstieg sein, der zum gedruckten Buch führt.

▶ **Entgegen pessimistischen Voraussagen hat der Computer das Lesen nicht verdrängt.**

▶ **Leseförderung kann auf das Medium Computer nicht mehr verzichten.**

▶ **Die vielen marktgängigen Angebote an Lernsoftware sind von sehr unterschiedlicher Qualität und sollten sorgfältig geprüft werden.**

Hörbücher sind auch für Leseanfänger zum Lesen-Üben geeignet.

...entwickeln, denn ein eigenes Hörbuch kann ein gut gelesenes eigenes Stimm...

begleitend zum Erlesen des Textes vorlesen zu lassen.

Sie bieten Ihnen die Möglichkeit, vorab- oder begleitend zum Erlesen

Heide Germann u. a. (Hrsg.) (2004):
Töne für Kinder.
Kopäd. (Der kommentierte Überblick
über CDs und Kassetten für Kinder
wird regelmäßig aktualisiert!)

ALLGEMEINES ◼

Vorlesen lassen

Auch Eltern, die vom Wert des Vorlesens überzeugt sind, schaffen es nicht immer, Zeit dafür einzuplanen. Um ihre Kinder aber dennoch über das Vorlesen auf Bücher neugierig zu machen, greifen sie auf Kassetten und CDs zurück.

Viele Verlage bieten inzwischen auch Tonträger zu Kinderbüchern an. Dabei gibt es natürlich große Unterschiede. Der Marktanteil von Massenprodukten, wie den Hörspielen von *Benjamin Blümchen* und *Bibi Blocksberg*, ist sehr hoch. Der Hörbuch-Boom bei der Literatur für Erwachsene hat viele Verlage aber dazu veranlasst, sich auch wieder an die Vertonung guter Kinderliteratur zu trauen. Grundsätzlich zu unterscheiden ist zwischen dem Hörbuch (der Buchtext wird vorgelesen) und dem Hörspiel, bei dem in verteilten Rollen gelesen wird. Oft enthalten Hörspiele auch zusätzliche Geräuscheffekte und Musik. Viele Hörspiele wirken wegen der vielen eingeschobenen Lieder schon fast wie Musicals. Gute Musik bietet einen zusätzlichen Reiz für die Zuhörer, sie lockert auf, wirkt entspannend und hat einen hohen Wiedererkennungswert. Doch auch ein gut gelesenes Hörbuch kann einen eigenen Zauber entwickeln, denn eine Stimme schafft Stimmung von besonderer Intensität.

Hörbücher sind auch für Leseanfänger zum Lesen-Üben geeignet. Sie bieten ihnen die Möglichkeit, vorab oder begleitend zum Erlesen des Textes, vorlesen zu lassen.

Ob MC oder CD, das hängt auch von den Geräten im Haushalt und dem Geschick der Kinder im Umgang damit ab. Mit speziellen Kinder-Kassettenrekordern, die sich einfach bedienen lassen, können schon kleine Kinder selbstständig Kassetten hören. CD-Player sowie Kombigeräte sind meist schwieriger zu bedienen. Außerdem lassen sich Kassetten an jeder beliebigen Stelle stoppen und später von anderen Geräten aus weiterhören – ein großer Vorteil für Kinder, die gern an verschiedenen Orten (Auto, Bett etc.) hören.

▶ **Kassetten und CDs mit Kinderliteratur sind sehr unterschiedlich in ihrer Qualität.**

▶ **Gut gelesene Literatur übt große Faszination aus.**

▶ **Hörbücher können das Lesenlernen unterstützen.**

GROSSE BÜCHER

Rotraud Susanne Berner:
Winterwimmelbuch.
Gerstenberg. 12.90 Euro.

Ali Mitgutsch
**Mein großes Bilderbuch
Auf dem Lande.**
Ravensburg 14.95 Euro.

Jean-Michel Billioud, Xavier Deneux:
Zirkusschule Piccolo.
Carlsen. 16,00 Euro.

Lucy Cousins:
Mausi geht ins Bett.
Sauerländer. (Zieh-Klappbuch)
15,89 Euro.

Marie-Louise Gay:
Guten Morgen, Theo.
Carlsen. 9,90 Euro.

Brigitte Schär, Jacky Gleich:
Mama ist groß wie ein Turm.
Carl Hanser. 12,90 Euro.

KLEINE BÜCHER

Ole Könnecke:
Halali
Carlsen (Pixi Nr. 1000). 0,95 Euro.

Michael Rosen/Helen Oxenbury:
Wir gehen auf Bärenjagd.
Miniausgabe Sauerländer. 5,90 Euro.

Martin Baltscheit:
**Die Geschichte vom Löwen,
der nicht schreiben konnte.**
Bajazzo. Minibuch 5,00 Euro.

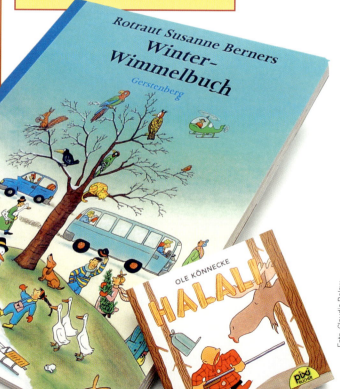

Foto: Claudia Below

1. Ich möchte gute Bilderbücher für Imke kaufen.

VOR DER SCHULE

▶ **Imke ist drei Jahre alt, sie schaut gern Bilder in Illustrierten und Zeitungen an. Jetzt soll sie Bücher bekommen.**

Für Dreijährige gibt es ein großes Angebot an Bilderbüchern. Da sich Kinder in dem Alter vorwiegend an Illustrationen orientieren, ist deren Qualität entscheidend: Sind sie ästhetisch ansprechend, ist ein wichtiges Kriterium erfüllt. Ausdrucksstarke und klar umrissene Gegenstände und Situationen erleichtern es Kindern, einen Sinnzusammenhang herzustellen und den Inhalt zu erfassen. Reicht der Text weit über die Illustrationen hinaus, ist die Geschichte auf zwei Ebenen nachzuvollziehen. Das Kind kann die Geschichte zunächst über die Bilder erfassen und seine eigene Geschichte erzählen. Erst später hört es beim Vorlesen den Text. Am Anfang sind Texte mit bekannten Wörtern, zu den Bildern passend, hilfreich. Ob Text und Bilder zueinander passen, erkennen Eltern auch schon beim schnellen Durchblättern.

Ausschlaggebend ist aber auch der Inhalt: Interessiert sich das Kind überhaupt für das im Buch Dargestellte? Handlungen, die außerhalb der Erfahrungen von Kindern liegen, erschweren in dem Alter den Zugang. Auch Aufmachung und Format sind wichtig. Viele Kinder lieben kleinformatige Bilderbücher, die sie in die Tasche stecken können, andere wiederum haben Freude an besonders großen Büchern, die sich zum Aufstellen eignen oder in denen es Unmengen von Details zu entdecken gibt. Auch Klappbilderbücher zum Herausziehen oder Aufklappen, wie z. B. *Mausi geht ins Bett*, sind für dieses Alter geeignet.

Das Anschauen von Bilderbüchern soll Vergnügen bereiten und Kinder auf die Welt der Bücher neugierig machen, das ist die wichtigste Aufgabe. ◀

▶ **Achten Sie darauf, ob Ihrem Kind die Illustrationen gefallen.**

▶ **Lesen Sie den Text, um zu erkennen, ob die Sprache passend ist.**

▶ **Bieten Sie viele unterschiedliche Bücher an, damit Ihr Kind allmählich herausfindet, welche Illustrationen und Inhalte ihm gefallen.**

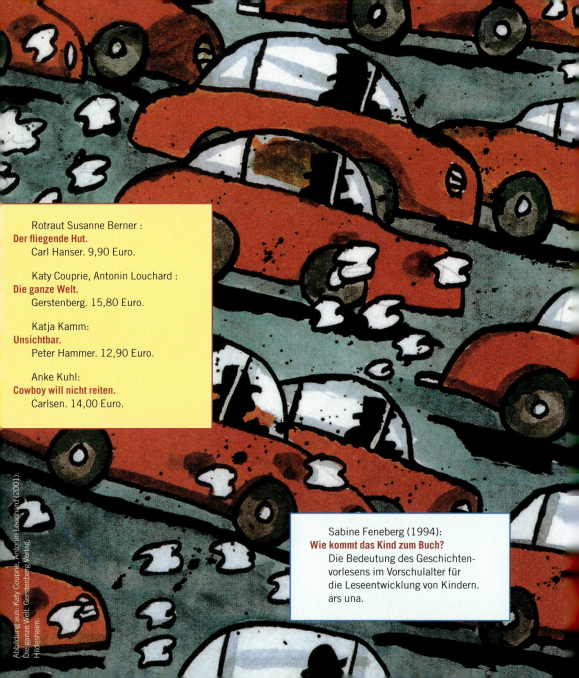

Rotraut Susanne Berner:
Der fliegende Hut.
Carl Hanser. 9,90 Euro.

Katy Couprie, Antonin Louchard:
Die ganze Welt.
Gerstenberg. 15,80 Euro.

Katja Kamm:
Unsichtbar.
Peter Hammer. 12,90 Euro.

Anke Kuhl:
Cowboy will nicht reiten.
Carlsen. 14,00 Euro.

Sabine Feneberg (1994):
Wie kommt das Kind zum Buch?
Die Bedeutung des Geschichtenvorlesens im Vorschulalter für die Leseentwicklung von Kindern.
ars una.

2. Ich lese gern vor, mein Sohn Frank fragt aber leider oft dazwischen.

VOR DER SCHULE

▶ **Frank ist mit seinen vier Jahren ein äußerst lebhaftes Kind, das viel erzählt und immer neue Ideen entwickelt. Früher hörte er ruhig zu, jetzt fragt er ständig dazwischen.**

Kinder sind beim Vorlesen nur selten ruhig, sie sollen es auch gar nicht sein. Zu groß ist das Mitteilungsbedürfnis, zu groß der Wunsch, Eindrücke zu artikulieren und Fragen zu stellen. Die spontanen Reaktionen zeigen, dass ihnen das Buch etwas sagt.

Es ist eine Besonderheit häuslichen Vorlesens, Nähe zu schaffen und eng mit dem Kind zusammenzusitzen. Zwei Personen schauen in das Buch und erleben Gemeinsamkeit. Dabei steht weniger das Vorlesen als das darüber Sprechen im Mittelpunkt, und das hat eine hohe Bedeutung für die Leseentwicklung. Vermutungen anstellen, Fragen formulieren, Gefühle äußern – diese Fähigkeiten erwerben die Kinder so im Kontext, während sie sonst oftmals in künstlichen Zusammenhängen mühsam eingeübt werden. Wenn Eltern beim Vorlesen häufig Pausen einlegen und das Kind auffordern, Vermutungen über den Fortgang anzustellen, hört es konzentrierter zu und entwickelt gleichzeitig ein Gefühl für den Aufbau von Geschichten. Es ist aber ebenso wichtig, dem Kind einen Eindruck von der Gesamtheit eines Textes zu vermitteln, indem es der Sprache ungestört zuhört und sie genießt. So könnte eine Geschichte, nachdem das Kind beim ersten Vorlesen fragt und kommentiert, im Anschluss noch einmal als Ganzes vorgelesen werden, mit der Verabredung, erst danach Fragen zu stellen.

Aber auch Bilderbücher, die auffordern selbst Geschichten zu entdecken, z.B. Bilderbücher ohne Text, wie *Der fliegende Hut*, bieten dem Kind Möglichkeiten zu erzählen, Geschichten zu erfinden, seiner Fantasie freien Lauf zu lassen. ◀

▶ **Ermuntern Sie Ihr Kind dazu, beim Vorlesen Fragen zu stellen.**

▶ **Achten Sie beim Vorlesen auf Ihr Sprechtempo, lesen Sie nicht zu schnell.**

▶ **Versuchen Sie durch gemeinsame Vereinbarungen das Kind zum konzentrierten Zuhören zu führen.**

Geliebte Bücher leiden äußerlich wie geliebte Kuscheltiere

VOR DER SCHULE

3. Julia will die teuren Bilderbücher unbedingt mit in den Kindergarten nehmen.

▶ **Die fünfjährige Julia bekommt von Großeltern und Tanten regelmäßig Bilderbücher geschenkt. Sie besitzt mittlerweile schon eine große Anzahl von Büchern, auf die sie ganz stolz ist.**
Im Kindergarten wird oft vorgelesen, und wenn Julia das betreffende Buch besitzt, will sie es unbedingt mitnehmen und zeigen. Es sieht aus, als erhöhe sich der Wert des Buches, indem sie es mit anderen Kindern anschaut, ihnen etwas zeigt und darüber spricht.

Der Wunsch sich über ein gelesenes Buch auszutauschen und andere an der Begeisterung teilhaben zu lassen, ist auch Erwachsenen vertraut. Oftmals werden Bücher dadurch erst lebendig, dass sie anderen gezeigt werden. Bücher, die gern und wiederholt gelesen und häufig in die Hand genommen werden, sehen dann zwar nicht mehr neu aus, aber sie sind geliebt.

Kinder von früh auf zu einem sorgsamen Umgang mit Büchern anzuregen, ist schon wichtig, denn Bilderbücher mit ihrer oftmals künstlerischen Gestaltung verlieren schnell an Attraktivität, wenn Seiten eingeknickt und Bilder beschädigt werden. Gerade sehr geschätzte Bücher sehen aber auch bei Erwachsenen oft zerlesen und viel gebraucht aus, warum soll das bei Kindern anders sein? Wenn Erwachsene zeigen, dass sie das Buch vorsichtig behandeln und so ein Einreißen der Seiten oder ein Aufbrechen des Buchrückens vermeiden, wirkt das vorbildhaft auf die Kinder – stärker, als wenn nur darüber gesprochen wird. Sehen sie, dass Erwachsene beim Vorlesen liebevoll über die Seiten streichen, entwickeln sie ein Gefühl für den Wert des Buches. Als Alternative bietet sich auch an, die Lieblingsbücher mit Folie zu überziehen. Steht aber die Maßgabe, sie pfleglich zu behandeln, an oberster Stelle, geht die Freude am Buch schnell verloren. ◀

▶ **Unterstützen Sie Ihr Kind dabei, seine Bücher anderen zu zeigen.**

▶ **Machen Sie Ihrem Kind deutlich, dass Bücher einen Wert haben, indem Sie ihm Illustrationen, Einband und Bindung erklären.**

▶ **Vergessen Sie nicht: Bücher sind Gebrauchsgegenstände!**

»Ich esse doch keine Möhren.«

Pia schaut auf den Tisch. »Und was machen dann diese Möhren hier?

Eric Battut:
Der rote Max.
Bohem Press. 13,50 Euro.

Katja Gehrmann:
Nelson, der Käpt'n und ich.
Carlsen. 14,00 Euro.

Peggy Rathmann:
Noch 10 Minuten, dann ab ins Bett.
Gerstenberg. 12,90 Euro.

Sabine Wiemers, Sylvia Heinlein:
Pit im Baumhaus.
Beltz & Gelberg. 12,90 Euro.

Auffällige Schrifttypen und eigenwillige Anordnungen von Text und Bild machen Kinder neugierig auf Schrift

Abbildung aus: Lauren Child (2003): Nein! Tomaten ess' ich nicht! Carlsen Verlag, Hamburg

4. Tim blättert gern in Bilderbüchern, er versucht aber nicht selbst darin zu lesen.

VOR DER SCHULE

> ▶ **Tim ist sechs Jahre alt und seit einiger Zeit beschäftigt er sich viel mit Bilderbüchern. Er blättert darin, zeigt sie seinem Teddy, nimmt auch manchmal eines mit ins Bett. Obwohl er sonst sehr weit in seiner Entwicklung ist, hat er überhaupt kein Interesse daran, in ihnen zu lesen.**

Bilderbücher anzusehen bedeutet, sich in Illustrationen zu vertiefen, der Geschichte nachzuspüren, die dort in Bildern erzählt wird, daraus eine Handlung zu entwickeln. Dabei bringen Kinder viel Konzentration auf. Auch wenn sie „nur" in Bilderbüchern blättern, stellen sie Verbindungen her, denn vieles passiert, was nicht auf den Seiten dargestellt wird. Diese Momente sind eine wesentliche Voraussetzung für das Lesen, und Kinder brauchen genügend Zeit, sie auszubilden.

Illustrationen zu betrachten ist weniger abstrakt als mit Schriftzeichen umzugehen. Dass Tim sich mit dem Anschauen begnügt, zeigt, dass er zu diesem Zeitpunkt hinreichend damit gefordert ist, Informationen aus den Bildern zu entnehmen und zu deuten, und dass er noch nicht bereit ist, sich mit Schrift zu befassen. Beim Vorlesen oder gemeinsamen Betrachten eines Buches können Eltern ihr Kind aber unauffällig auf das Lesen vorbereiten, indem sie gelegentlich auf einzelne Wörter oder Sätze, mit einer besonderen inhaltlichen Bedeutung aufmerksam machen. In vielen Bilderbüchern fallen Schrifttypen mit eigenwilligen Anordnungen oder Gestaltungen ins Auge, z. B. in dem Buch von Lauren Child (s. S. 30). Das Anbieten solcher Bücher ist auch ein Weg, um Kinder allmählich für Schrift zu interessieren. Geben Eltern jedoch derartige Hinweise zu häufig, verleiden sie die Freude am Buch. Das zweckfreie Umgehen mit Büchern ist bei Kindern an der Schwelle zum Lesenlernen das Wichtigste. ◀

▶ **Unterstützen Sie entspanntes, stressfreies Umgehen mit Bilderbüchern.**

▶ **Geben Sie beim gemeinsamen Anschauen und Vorlesen vorsichtig Hinweise auf einzelne Wörter.**

▶ **Lassen Sie Ihrem Kind Zeit, von sich aus Interesse an Schrift zu entwickeln.**

Darstellungen von Tieren variieren stark in Bilderbüchern

Tim Gladdines, Doesijka Bramlage:
Ein Tier für Sophie,
Pattloch. 12,90 Euro.

Margaret Klare:
In Wolle wickelt sich das Schaf.
Peter Hammer. 14,90 Euro.

Bill Martin, Eric Carle:
**Pandabär, Pandabär,
wen siehst denn du?**
Gerstenberg. 12,90 Euro.

Antonie Schneider, Quentin Gréban:
Du bist die liebste kleine Maus!
Nord Süd. 12,80 Euro.

Hanne Türk:
Maus außer Haus.
Fleurus. 11,50 Euro.

5. Nicole sieht viel fern, sie hat wenig Interesse an Bilderbüchern.

VOR DER SCHULE

▶ **Nicole, vier Jahre alt, lässt sich am liebsten vom Fernseher unterhalten. Versuche, sie zu Büchern zu locken, schlugen bisher fehl.**

Die bewegten Bilder des Fernsehens, die große Auswahl, die Möglichkeit, ohne Anstrengung in ein anderes Programm einzusteigen, faszinieren Kinder wie Erwachsene. Es ist für Eltern schwierig, ihre Kinder vom Fernsehen abzuhalten, und Versuche, es zu verbieten oder negativ darzustellen, steigern oft noch seine Attraktivität.

Wenn in einer Familie selten gelesen wird und wenn wenig Bücher vorhanden sind, dann erkennen Kinder nicht den Gewinn des Lesens. Wenn sie aber erfahren, dass die Eltern selbst Freude an Büchern haben, z. B. an denen, die sie ihren Kindern vorlesen, vermittelt sich eine positive Haltung.

Um Kinder, die gern fernsehen, an Bücher heranzuführen, bieten sich solche mit spannender Handlung und vielen Figuren an – anknüpfend an die Sehgewohnheiten des Fernsehens. Da Nicole am liebsten Sendungen mit Tieren sieht, können Tierbücher an ihr Interesse anknüpfen. Und da gibt es ein sehr großes Angebot. Neben Klassikern wie *Der Maulwurf Grabowski* sind es etliche neue Bücher wie z. B. *Du bist die liebste kleine Maus!*, darunter auch solche, die zum Entdecken auffordern und Auslöser für Aktivitäten sein können wie *Maus außer Haus.*

Auch viele Sachbilderbücher thematisieren Tiere und ihre Umgebung, und sie bieten ebenso wie Bildbände die Möglichkeit, genau zu schauen und nachzuschlagen. Gehen Eltern so gemeinsam mit dem Kind auf Entdeckungsreise, erfordert das Zeit, genau diese Zeit ist aber ausschlaggebend für die Entwicklung des Leseinteresses. ◀

▶ **Verteufeln Sie das Fernsehen nicht.**

▶ **Überprüfen Sie ihren eigenen Fernsehkonsum.**

▶ **Zeigen Sie Ihrem Kind, dass Sie selbst Freude an den Büchern haben, die Sie vorlesen.**

Für viele Kinder ist es hilfreich, wenn die Kapitel überschaubar sind

Martin Baltscheit
Tatjana Hauptmann:
Die Pinabriefe.
Bajazzo. 12,90 Euro.

Per Olov Enquist:
Großvater und die Wölfe.
Carl Hanser. 17,90 Euro.

Catrin Frischer,
Karsten Teich:
Das Märchenbuch zum Vorlesen.
Fischer. 14,90 Euro.

Selma Noort
Immer diese Dickköpfe.
Verlag Freies Geistesleben.
12,50 Euro.

Frederik Vahle:
Mäuse wie wir. Laute und leise Geschichten von Luzi und Kabutzke.
Beltz & Gelberg. 14,90 Euro.

Gregoire Solotareff:
Wintergeschichten.
Gerstenberg. 11,50 Euro.

6. Unsere Zwillinge wollen nur von mir Geschichten hören, mein Mann soll ihnen nicht vorlesen.

VOR DER SCHULE

► **Sven und Ilka sind vier Jahre alt. Seit einiger Zeit wehren sie sich energisch, wenn abends nicht die Mutter, sondern der Vater vorliest.**

Das allabendliche Vorlesen hat in vielen Familien einen festen Platz im Tagesablauf und nur in Ausnahmefällen wird davon abgewichen. Diese Regelmäßigkeit gibt Kindern Sicherheit und vermittelt Geborgenheit. Häufig intensiviert das Vorlesen die Beziehung zwischen Erwachsenen und Kindern, da Fragen und Probleme des Alltags ausgeschaltet und Fantasie und Zugang zu neuen Welten die bestimmenden Momente werden.

Verlangen Kinder in einer bestimmten Phase intensiver nach einem Elternteil, brauchen sie eben in besonderem Maße das, was diese Person ihnen gibt. Wenn die Kinder unbedingt wollen, dass die Mutter vorliest, entspricht das ihrem Gefühl nach viel Nähe mit der Mutter, das muss nicht unbedingt an das Vorlesen gebunden sein. Da gerade vorlesende Väter für die Leseentwicklung eine große Bedeutung haben, ist es bedauerlich, wenn der Vater dabei nicht akzeptiert wird. Er könnte aber schrittweise einbezogen werden, indem er und die Mutter aus jeweils anderen Büchern vorlesen. Der Vater könnte z. B. für Märchen zuständig sein, die Mutter für ein Kinderbuch, das sie fortlaufend vorliest. Das gibt Sicherheit, und allmählich spielt sich so ein regelmäßiges Abwechseln beider Elternteile ein.

Aber auch die Qualität des Vorlesens kann ausschlaggebend sein. Verschiedene Personen nachzumachen, Spannung anzudeuten, die Stimme zu verlangsamen oder zu beschleunigen, die Stimmhöhe zu variieren, Mimik und Gestik einzusetzen – diese Elemente guten Vorlesens beherrschen nicht alle Erwachsenen gleichermaßen. Durch häufiges Vorlesen werden sie aber weiter ausgebaut und verbessert. ◄

► **Geben Sie Ihre eigenen guten Erfahrungen beim Vorlesen auch an andere Personen weiter.**

► **Treffen Sie mit den Kindern eine Verabredung über das Vorlesen, bei dem die Kinder über den Lesestoff entscheiden.**

► **Bieten Sie Abwechslung an: neben fortlaufend erzählten Bücher auch solche mit einzelnen Geschichten.**

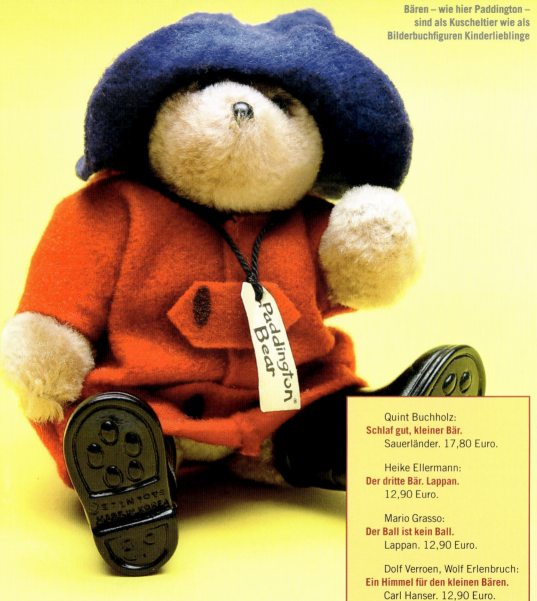

Bären – wie hier Paddington – sind als Kuscheltier wie als Bilderbuchfiguren Kinderlieblinge

Quint Buchholz:
Schlaf gut, kleiner Bär.
Sauerländer. 17,80 Euro.

Heike Ellermann:
Der dritte Bär. Lappan.
12,90 Euro.

Mario Grasso:
Der Ball ist kein Ball.
Lappan. 12,90 Euro.

Dolf Verroen, Wolf Erlenbruch:
Ein Himmel für den kleinen Bären.
Carl Hanser. 12,90 Euro.

Foto: Claudia Below

7. Ole will immer wieder dieselben Geschichten hören, das ist doch langweilig.

VOR DER SCHULE

▶ **Ole ist fünf Jahre alt. Seit einiger Zeit will er nur noch *Post für den kleinen Tiger* von Janosch hören. Er kennt Teile auswendig und beschwert sich, wenn ein Satz verändert wird. Obwohl er sie kennt, schaut er sich die vielen Einzelheiten immer wieder an.**

Ole verhält sich so wie viele Kinder, die ausgeprägte Vorlieben unter ihren Büchern haben. Während einer bestimmten Zeit interessieren sie sich ausschließlich für diese.

Indem sie immer wieder dieselben Geschichten hören, verschaffen sich Kinder einen Schatz an Geschichten, der sie durch ihr Leben begleitet. Es entsteht eine Bibliothek im Kopf, die ihnen niemand wegnehmen kann. Das ist den Kindern nicht bewusst, wenn sie ihre Bücher fordern, es geht ihnen um die Freude am Wiedererkennen und Wiederhören. Gerade wenn sie noch nicht selbst lesen können, erstaunt das genaue Kennen des Textes oft die Erwachsenen. Es zeigt, wie konzentriert und genau Kinder zuhören, und wie sehr sie in der Lage sind, sich in Gehörtes zu vertiefen und es zu behalten. Sie entwickeln ein Gefühl und eine Sicherheit im Umgang mit einer Sprache, die anders ist als ihre Alltagssprache – wichtig für ihre Leseentwicklung.

Solange das Kind nach einem bestimmten Buch verlangt, fühlt es sich dadurch angesprochen. Trotz der Wiederholungen kann das ein intellektueller Anspruch, ebenso aber auch ein emotionales Bedürfnis sein. Etwas bereits zu kennen macht sicher, vermittelt Geborgenheit. Vorhersagen können, was passiert, lässt gar nicht erst Beunruhigungen entstehen, und das Kind hört in besonderer Weise entspannt zu.

Wenn Ole so viel Gefallen an dem Bären und dem Tiger bei Janosch findet, kann er vielleicht auf andere Bücher mit Bären oder Tigern neugierig gemacht werden. ◀

▶ **Lesen Sie Ihrem Kind weiterhin die Geschichten vor, die es bereits gut kennt.**

▶ **Lassen Sie Ihr Kind immer wieder Bilder oder Textstellen bezeichnen, die ihm besonders wichtig sind, es verarbeitet damit Eindrücke oder eigene Erfahrungen.**

▶ **Erweitern Sie das Angebot mit Büchern ähnlicher Thematik.**

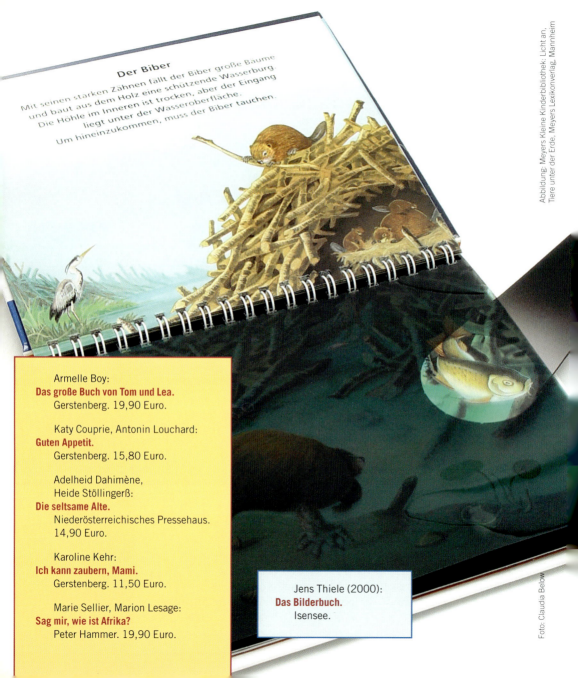

Der Biber

Mit seinen starken Zähnen fällt der Biber große Bäume und baut aus dem Holz eine schützende Wasserburg. Die Höhle im Inneren ist trocken, aber der Eingang liegt unter der Wasseroberfläche. Um hineinzukommen, muss der Biber tauchen.

Abbildung: Meyers Kleine Kinderbibliothek: Licht an, Tiere unter der Erde, Meyers Lexikonverlag, Mannheim

Armelle Boy:
Das große Buch von Tom und Lea.
Gerstenberg. 19,90 Euro.

Katy Couprie, Antonin Louchard:
Guten Appetit.
Gerstenberg. 15,80 Euro.

Adelheid Dahimène,
Heide Stöllingerß:
Die seltsame Alte:
Niederösterreichisches Pressehaus.
14,90 Euro.

Karoline Kehr:
Ich kann zaubern, Mami.
Gerstenberg. 11,50 Euro.

Marie Sellier, Marion Lesage:
Sag mir, wie ist Afrika?
Peter Hammer. 19,90 Euro.

Jens Thiele (2000):
Das Bilderbuch.
Isensee.

Foto: Claudia Below

8. Ich habe so schöne Bilderbücher gekauft, Karen gefallen sie überhaupt nicht.

VOR DER SCHULE

> ▶ **Karen ist dreieinhalb Jahre alt, ein stilles, in sich gekehrtes Kind, das malt, bastelt, knetet, ausschneidet und gern kuschelt. Bilderbücher schaut sie überhaupt nicht an.**

Schon beim ersten Durchblättern entscheiden gerade bei Bilderbüchern die Illustrationen oftmals über Gefallen oder Nichtgefallen. Viele wunderschön gestaltete Titel werden eher von erwachsenen Bilderbuchliebhabern geschätzt. Sie erliegen leicht der Gefahr, nostalgisch anmutende Bilder auszuwählen – Erinnerungen an die eigene Kindheit. Dabei vergessen sie, dass die Seherfahrungen der Kinder heute stark durch das Fernsehen, also durch bewegte Bilder, geprägt sind. Illustratoren schaffen häufig harmonische, idyllisch anmutende Bilder, die dem Wunsch nach einer besseren Welt nachkommen. Nicht immer sind das aber Bücher, die Kinder faszinieren. Auch bei den Farben gibt es Unterschiede: So greifen Erwachsene bevorzugt nach Büchern in verhaltenen Farben, während Kinder oft kräftige, leuchtende Töne vorziehen.

Wenn Eltern auch schon jüngere Kinder an der Auswahl beteiligen, erhalten sie leichter einen Einblick in deren Vorlieben. Gerade für die Altersgruppe gibt es eine Vielzahl von Bilderbüchern mit sehr attraktiver Aufmachung, z.B. mit beweglichen, herausnehmbaren Teile. Oder es sind dicke Pappbilderbücher mit klar umrissenen Figuren.

Pop-up-Bücher mit Überraschungseffekten zum Aufklappen oder Herausziehen verlangen Fingerfertigkeit, und das kann für ein Kind wie Karen eine besondere Herausforderung sein. Vielleicht sind es auch Sachbilderbücher mit ungewöhnlicher Gestaltung, die das Kind auf einer anderen Ebene ansprechen, wie z.B. *Guten Appetit!* Es lohnt, Geduld zu haben und Bücher in unterschiedlichen Aufmachungen zu unterschiedlichen Themen anzubieten. ◀

> ▶ **Lösen Sie sich von Ihren eigenen Vorlieben beim Bücherkauf für Kinder.**

> ▶ **Bieten Sie dem Kind immer wieder Bücher mit unterschiedlichen Illustrationen an, auch solchen, die Ihnen selbst nicht gefallen.**

> ▶ **Lassen Sie sich in Buchhandlungen oder Bibliotheken beraten, um ungewöhnliche Bilderbücher kennen zu lernen.**

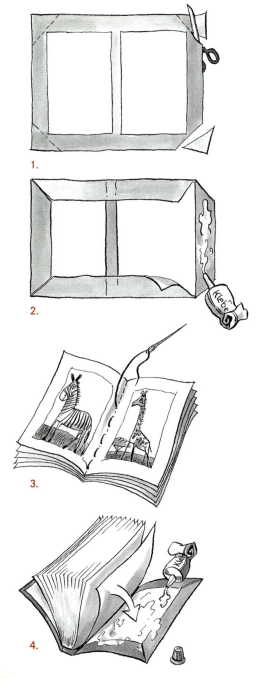

Mit Kindern ein Buch gestalten

Zeichnungen und Texte von Kindern erhalten einen besonderen Wert, wenn sie zu einem Buch gebunden werden.

Ein fester Bucheinband lässt sich wie folgt herstellen:

1. Heften bearbeiteter Blätter – Jeweils vier bis acht Buchseiten werden in der Mitte mit einer Stopfnadel oder mit der Nähmaschine zusammengenäht. Die erste und die letzte Seite bleiben unbeschriftet und unbemalt, denn sie werden auf die Innenseite des Einbandes geklebt.

2. Festen Bucheinband herstellen – Zwei Kartonstücke, die ein wenig größer sein sollten als die Buchseiten, werden mit etwas Abstand, der den „Buchrücken" ergibt, auf ein Stück Stoff geklebt.

3. Vor dem Einschlagen werden die Ecken des Stoffes abgeschnitten, Kleber auf den Stoff gegeben und der Karton eingeschlagen.

4. Die erste und die letzte Seite des vernähten Papierblocks werden mit dem Stoffumschlag verklebt.

   Tipp: Anstelle von Stoff kann man auch festes Papier oder Folie verwenden.

Abbildung aus: Heide Niemann (2003): Mit Bilderbüchern Englisch lernen. Kallmeyer, Seelze-Velber, S. 28

Hans Brügelmann (1983):
Kinder auf dem Weg zur Schrift.
Faude.

Falko Peschel/Astrid Reinhardt (2001):
Der Sprachforscher.
Friedrich Verlag

9. Constanze kritzelt immer in ihre Bücher, sie malt auch mit Buntstiften in die Bilder hinein.

VOR DER SCHULE

▶ **Constanze ist fünf Jahre alt. Seit einiger Zeit hat sie große Freude am Umgang mit Buntstiften und Wachsmalstiften. Sie malt und schreibt mit großer Ausdauer buchstabenähnliche Zeichen und manchmal macht sie daraus sogar Geschichten, die sie anschließend „vorliest".**

Die Entdeckung von Schrift ist für Kinder ein sehr bedeutsamer Schritt in ihrer Entwicklung. Sie nehmen Zeichen wahr, die eine unbekannte Bedeutung haben, und die den Zugang zu der Erwachsenenwelt ausmachen. Indem sie versuchen, Schriftzeichen nachzuvollziehen und anzuwenden, erwerben sie Erfahrungen mit Buchstaben. Dabei erkennen sie unterschiedliche Formen, Trennungen, Unter- und Oberlängen. Sie schreiben auf Zettel, Ränder von Zeitungen, gern auch in Bücher, wenn sie sich zum Inhalt äußern wollen. Das ist auch ein Anzeichen dafür, dass sie das Buch in Besitz nehmen, und es als ihr Eigentum betrachten. Es ist schwer, ihnen zu vermitteln, dass das nicht erwünscht ist, denn letztlich sind Schreiben und Lesen untrennbar verbunden und in den Büchern ist ja Schrift abgedruckt.

Leere Blätter mit unterschiedlichem Format, die z. B. zu den Büchern gelegt werden, haben starken Aufforderungscharakter für das Kind, um darauf zu malen oder zu schreiben. Sie werden im Buch aufbewahrt und vermitteln so dem Kind das Gefühl, dass das, was es schreibt, wichtig ist. Werden diese Blätter zu einem eigenen Buch gebunden, erhöht sich der Wert noch. Das Kind kann aber auch seine Geschichten oder Gedanken (zu Büchern) in ein großes Heft eintragen, das dann allmählich zum eigenen „Bücherbuch" wird. Mit großem Interesse betrachten Kinder, wenn sie älter werden, das vor Jahren Geschriebene und freuen sich über ihre Fortschritte. ◀

▶ **Bieten Sie Ihrem Kind eine breite Auswahl an Stiften und Papier an.**

▶ **Versuchen Sie zu erfahren, was Ihr Kind ausdrücken will.**

▶ **Legen Sie ein Heft oder einen Ordner an, um das, was das Kind geschrieben bzw. gemalt hat, jeweils mit Überschrift und Datum versehen, aufzubewahren.**

Sabine Feneberg (1994):
Wie kommt das Kind zum Buch.
Die Bedeutung des Geschichten-
vorlesens im Vorschulalter für die
Leseentwicklung von Kindern.
ars una.

Gerhard Glück, Papan:
Der neue Pullover.
Lappan. 14,90 Euro.

Nikolaus Heidelbach:
Die dreizehnte Fee.
Beltz & Gelberg. 12,90 Euro.

Kolet Jansen:
Auf dem Weg zur Schule.
Beltz & Gelberg, Edition Anrich.
9,90 Euro.

Wolfdietrich Schnurre,
Aljoscha Blau:
Die Maus im Porzellanladen.
Aufbau Verlag. 15,00 Euro.

Merkmale guten Vorlesens

- Pausen machen
- bei Stellen mit großer Spannung verlangsamen
- langsam lesen
- immer wieder das Kind anschauen
- die Stimme den Personen anpassen
- eine kuschelige, gemütliche Atmosphäre schaffen

10. Nadine kann gut lesen, sie will aber immer noch, dass ich ihr vorlese.

LESEANFÄNGER

▶ Nadine ist Einzelkind. Sie kann bereits gut lesen, und nachmittags im Hort greift sie gelegentlich zu einem Buch. Abends, wenn sie im Bett liegt, will sie aber nicht selbst lesen, ihre Mutter soll vorlesen.

Auch Kinder, die bereits erste Bücher oder schon umfangreichere Bände lesen, genießen das Vorlesen. In den Augen vieler Eltern macht das keinen Sinn, schließlich kann das Kind ja selbst lesen. Es geht aber um weit mehr als um das reine Vorlesen. Es geht um die Zeit, die Mutter oder Vater gemeinsam mit ihrem Kind verbringen. Zeit, in der sie ausschließlich für das Kind da sind. In diesen Vorlesesituationen ergeben sich Gespräche, die über das Buch hinausreichen, Erlebnisse aus der Schule, Streit mit der Freundin, Angst vor einer Arbeit.

Vorlesen ist auch Interpretation. Geübten Vorlesern gelingt es mit der Stimme Figuren zu kennzeichnen, Handlung zu beschleunigen oder zu verlangsamen. So entstehen beim Zuhören Bilder und Vorstellungen, denen sich das Kind oftmals mehr überlassen kann, als wenn es selbst liest.

Der Wunsch, Geschichten ohne lesetechnische Herausforderungen zu begegnen, mag dabei Bedeutung haben, daneben ist es beruhigend, ohne Anstrengung eine Geschichte zu genießen. Vielen Erwachsenen ist diese Erfahrung vertraut, und wenn sie im Radio oder auf der Hörkassette vorgelesener Literatur lauschen, genießen sie das Zuhören. Oftmals weckt es auch bei ihnen den Wunsch, diese selbst zu lesen.

Vorlesen ist einer der wichtigsten Anreize zum Lesen. Eltern sollten daher nicht darauf verzichten, auch ältere Kinder auf diesem Weg neugierig auf Bücher zu machen. In vielen Kindergärten und Schulen wird aus diesem Grund regelmäßig vorgelesen, und die Erfahrung zeigt, dass die Kinder begierig sind, diese Bücher selbst zu lesen. ◀

▶ **Lesen Sie Ihrem Kind vor, wenn es danach verlangt.**

▶ **Erleben Sie die Nähe des Vorlesens als etwas, was nach der Kindheit schnell verloren geht.**

▶ **Versuchen Sie sehr behutsam die Häufigkeit des Vorlesens zu verringern und hören Sie an spannenden Stellen auf, um Ihr Kind anzuregen, selbst weiterzulesen.**

Ein Fall für TKKG: Film ab!
ISBN 3-89887-045-6,
Tivola Verlag, Berlin. 26,95 Euro.

Oscar der Ballonfahrer entdeckt das Meer.
Das Naturlernspiel.
ISBN 3-89887-043-X,
Tivola Verlag Berlin. 24,95 Euro.

Per Olov Enquist:
Großvater und die Wölfe.
Hanser. 17,90 Euro.

Karoline Kehr:
Schwi-Schwa-Schweinehund.
Altberliner. 14,50 Euro.

Abbildung aus: Oscar der Ballonfahrer entdeckt das Meer. CD-ROM. Tivola Verlag, Berlin

LESEANFÄNGER

11. Meine Kinder sind so unterschiedlich, der Älteste liebt Bücher, der Jüngere liest überhaupt nicht.

▶ **Während sein großer Bruder eine Leseratte ist, zeigt Lars, sieben Jahre alt, kein Interesse an Büchern.**

Ein älteres Geschwisterkind weiß manches, das dem jüngeren fremd ist, beherrscht vieles, das dieses erst noch lernen muss. So auch beim Lesen. Zu einem Geschwisterkind, das bereits lesen kann, schaut das jüngere Kind oft bewundernd auf.

Lesen können bedeutet Zugang zu einer Welt zu haben, die sonst nur Erwachsenen vorbehalten ist. Das kann einschüchternd auf die Jüngeren wirken, erleben sie sich doch im Vergleich zu den Fortgeschritteneren als stotternde Leser – oft eine entmutigende Erfahrung. Vielfach werden ältere Kinder aufgefordert, ihren jüngeren Geschwistern beim Lesen zu helfen. Dies kann zu Überforderungen führen, und wenn z.B. das ältere Kind ungeduldig auf Fehler reagiert, trägt es unbewusst dazu bei, das Lesen zu verleiden.

Auch wenn sie in derselben Familie aufwachsen, entwickeln sich Geschwister unterschiedlich. Jedes Kind hat ein Recht auf seine Individualität und Einmaligkeit, und es gilt, die besonderen Interessen und Vorlieben dieses Kindes zu erkennen und Bücher danach auszuwählen. Werden entsprechende Bücher zur Verfügung gestellt, ohne Druck oder Erwartungen, greift das Kind vielleicht danach. Zunächst sollten diese Bücher dann vorranqiq für das jüngere Kind da sein, um ihm so einen selbstständigen Zugang zu ermöglichen.

Vielleicht hat Lars aber eher Interesse an Comics, Videos oder Kassetten/CDs. Es fällt lesebegeisterten Eltern schwer, die Medienvielfalt zu nutzen, weil sie Bücher in den Mittelpunkt stellen. Andere Medien eröffnen jedoch auch Zugänge zu neuen Welten und Gesprächsanlässe. ◀

▶ **Versuchen Sie jedes Kind seinen eigenen Weg finden zu lassen.**

▶ **Stellen Sie Geschwister, die gern lesen, nicht als Vorbild hin.**

▶ **Wählen Sie Bücher, Comics, Hörkassetten und Videokassetten aus, die die Interessen Ihres Kindes ansprechen.**

Lucie Albon:
Eine Gazelle in der Hand.
Lappan. 8,90 Euro.

Katja Gehrmann:
Nelson, der Käpt'n und ich.
Carlsen. 14,00 Euro

Mario Ramos:
Nuno, der kleine König.
Moritz. 11,80 Euro.

Jan Zberg, Peter Knorr:
Bagger Billy.
Sauerländer. 13,80 Euro.

Leseanfänger können entspannter lesen, wenn nur wenig Text zum Bild kommt

fiiiep! bellte Bertie.

Abbildung aus: Rick Walton, Arthur Robbins (2003): Bertie – der Wachhund. Carlsen Verlag, Hamburg

12. Hendrik kann schon lesen, er greift aber immer wieder zu Bilderbüchern.

LESEANFÄNGER

▶ **Obwohl der siebenjährige Hendrik schon gut lesen kann, beschäftigt er sich eigenständig nur mit Bilderbüchern.**

Bilderbücher erzählen Geschichten in Bildern. Sie erfordern eine intensive Auseinandersetzung mit den Illustrationen. Kinder lassen die Bilder auf sich wirken, erleben das Zusammenspiel von Farben und Formen und entdecken Zusammenhänge. Dabei „übersetzen" sie oftmals die Handlung in Worte, ohne dabei auf eine vorgegebene sprachliche Fassung zurückzugreifen – eine große Leistung, denn sie entziffern und entschlüsseln Bildsprache. Kinder sind durch das Fernsehen gewohnt, mit Bildern umzugehen. Anders als beim Fernsehen bietet das Buch die Möglichkeit, zu verweilen, zurückzublättern, genau zu schauen und Details zu entdecken. Diese Aktivitäten unterstützen die Leseentwicklung, und wenn Hendrik noch das Anschauen braucht, dann müssen die Eltern Geduld haben. Kinder entwickeln sich nicht geradlinig, und gerade in Zeiten, in denen sich ein Übergang zu einer nächsten Stufe abzeichnet, gibt es oft ein kurzfristiges Zurückgehen oder Verweilen.

Wenn ein Schulkind zu Bilderbüchern – auch ohne Text – greift, kann es mehr Schwierigkeiten mit dem Lesen haben, als die Eltern vermuten oder als es selbst zugibt. Die Anforderungen in Texten können zu hoch sein, weil sie zu lang sind, weil zu viele komplizierte Wörter vorkommen oder weil die Schrifttypen zu klein sind – Entmutigungen für Leseanfänger. Gerade wenn Kinder dabei sind, selbst erste Geschichten zu lesen, ist es für sie wichtig, Bilderbücher mit wenig Text entspannt genießen zu dürfen. Darüber hinaus ist es auch für fortgeschrittene Leser, einschließlich Erwachsener, immer wieder ein Genuss und oft auch eine Herausforderung, sich in Bilderbücher zu vertiefen und Bilder zu interpretieren. ◀

▶ **Lassen Sie Ihr Kind weiterhin Bilderbücher anschauen, und lassen Sie sich zeigen, was ihm besonders gut gefällt.**

▶ **Stellen Sie Bilderbücher mit wenig Text zur Verfügung.**

▶ **Achten Sie darauf, dass der Text gut lesbar ist, mit klar zu erkennenden Drucktypen.**

Reinhard Kahl (1995):
Lob des Fehlers.
In: Brügelmann/Balhorn/Füssenich:
Am Rande der Schrift.
Libelle Verlag.

„Welche Fehlerquote wir akzeptieren, hängt von den Anforderungen der konkreten Aufgabe ebenso ab, wie vom Entwicklungsstand des Lesers oder Schreibers."

„Fehler können Ausdruck individueller Ordnungsleistungen und Lernfortschritte sein."

„Stress und Überforderung steigern den Fehleranteil auf jedem Entwicklungsstand: Können ist situationsabhängig."

Beobachtungen an [(...)] Frühlesern lassen erkennen, wie viel Zeit und Raum für eigenes Probieren erforderlich sind, um einen so komplexen Gegenstand wie die Schrift in den Griff zu bekommen."

Hans Brügelmann (1986): Fehler: „Defekte" im Leistungssystem oder individuelle Annäherungsversuche an einen schwierigen Gegenstand? In: ABC und Schriftsprache: Rätsel für Kinder, Lehrer und Forscher. Faude Verlag, S. 23–25.

13. Anna kann gut lesen, macht beim Vorlesen aber viele Fehler.

LESEANFÄNGER

> **Anna ist in der 2. Klasse und liest von sich aus gern.**
> **Soll sie Texte vorlesen, verhaspelt sie sich oft und gibt schnell auf.**

Schule und Elternhaus verlangen häufig vom Kind, dass es laut liest. Dieses laute Lesen, oft mit Vorlesen gleichgesetzt, erfolgt dann ohne Vorbereitung, meist zu Kontrollzwecken. Es handelt sich dabei aber nur um eine vermeintliche Kontrolle, lässt doch das Lesen keinen Rückschluss auf das Sinnverständnis zu. Vorlesen ist schwieriger, als viele Erwachsene annehmen. Es stellt für Leseanfänger, aber auch für geübte Leser, oft eine Überforderung dar.

Vorlesen muss vorbereitet und mehrfach geübt werden. Viele Schulen arbeiten dabei mit Kassettenrekordern, damit die Kinder sich selbst überprüfen können. Bewährt hat sich auch, dass Kinder gemeinsam mit einem Partner üben und sich gegenseitig kontrollieren, um mit einem sinnbetonten Vorlesen Zuhörer anzusprechen. Auch über das beispielhafte Vorlesen anderer Kinder oder Erwachsener werden wesentliche Momente vermittelt. Trotz intensiver Vorbereitung machen Kinder aber Flüchtigkeitsfehler. Diese entstehen häufig durch Aufgeregtheit und Konzentrationsmangel. Kinder überfliegen dann den Text, lassen Wörter aus, lesen auch nicht gedruckte Wörter. Sehr oft passen diese anderen Wörter auch zum Sinn des Gelesenen und entsprechen der Bedeutung, das Kind hat also den Sinn erfasst und verstanden.

Es ist schwierig, eine Balance zu finden zwischen dem schnellen, flüssigen und dem genauen Vorlesen. Wird das Kind dabei immer wieder auf kleine Fehler hingewiesen, muss vielleicht sogar den Satz oder Teile des Satzes wiederholen, verliert es die Lust am Lesen. Tauchen aber über längere Zeit häufig schwere Fehler auf, sollten die Eltern das Gespräch mit der Lehrerin suchen. ◄

> **Gehen Sie beim Korrigieren behutsam vor, häufiges Unterbrechen verdirbt die Lust am Lesen.**

> **Flüstern Sie dem Kind die Wörter zu, bei denen es Schwierigkeiten hat, so kommt es zu einem Erfolgserlebnis.**

> **Achten Sie darauf, welche Fehler Ihr Kind macht, und sprechen Sie ggfs. mit der Lehrerin darüber.**

Seh- und Lesegewohnheiten sind schon bei Leseanfängern unterschiedlich ausgeprägt. Markante Illustrationen und Druckbilder rufen deshalb unterschiedliche Resonanzen hervor

Donata Elschenbroich (2001):
Weltwissen der Siebenjährigen.
Antje Kunstmann.

Anthony Browne:
Das Formenspiel.
Lappan. 12,90 Euro.

Cornelia Funke, Sybille Hein:
Die Glücksfee.
Fischer. 12.50 Euro.

Maritgen Matter, Anke Faust:
Ein Schaf fürs Leben.
Oetinger. 9,90 Euro.

14. Esther guckt sich die Bücher, die wir ihr schenken, überhaupt nicht an.

LESEANFÄNGER

▶ **Um ihrer Tochter Leseanreize zu bieten, bringen Esthers Eltern häufig Bücher aus der Buchhandlung oder Bibliothek mit. Die Achtjährige zeigt aber kaum Interesse daran.**

Es ist schwierig, Bücher für andere Menschen auszusuchen: Individuelle Vorlieben und Leseerfahrungen erfordern viel Einfühlungsvermögen. Suchen Eltern Bücher für ihre Kinder aus, versuchen sie oftmals den Blick der Kinder einzunehmen und erliegen dabei der Gefahr zu verniedlichen. Leicht schätzen sie die Interessen und die Leistungsfähigkeit ihres Kindes falsch ein und treffen so nicht die Bücher, die zur emotionalen und intellektuellen Entwicklung passen.

Berührt das Thema überhaupt nicht die Interessen des Kindes, ist es schwierig, es für das Buch zu begeistern. Aber auch Textumfang, Textlänge und Anzahl der Seiten haben eine große Bedeutung. So fühlen sich viele Kinder von langen Texten überfordert. Gerade bei leseungeübteren Kindern sind auch Schriftgröße, Druckbild, Unterteilungen in Absätze oder Kapitel ausschlaggebend. In der Regel können Kinder ihre Abneigungen sehr deutlich machen und auch artikulieren. Es ist also für Eltern, Erzieherinnen und Lehrerinnen möglich, aus Gesprächen oder Beobachtungen Anhaltspunkte für die Auswahl von Büchern abzuleiten.

Auch Bücher, die vielen Kindern gut gefallen, sagen nicht jedem Kind zu. Ein Buch hingegen, das viele wegen seiner Illustrationen ablehnen, stößt dann plötzlich bei einem anderen Kind auf großes Interesse. Seh- und Lesegewohnheiten sind so unterschiedlich ausgeprägt, dass nur ein breites Angebot zum Herausbilden von Leseinteressen führt. ◀

▶ **Bieten Sie immer wieder unterschiedliche Bücher an.**

▶ **Achten Sie darauf, welche Bücher Ihr Kind mag und wiederholt liest.**

▶ **Beteiligen Sie Ihr Kind an der Auswahl.**

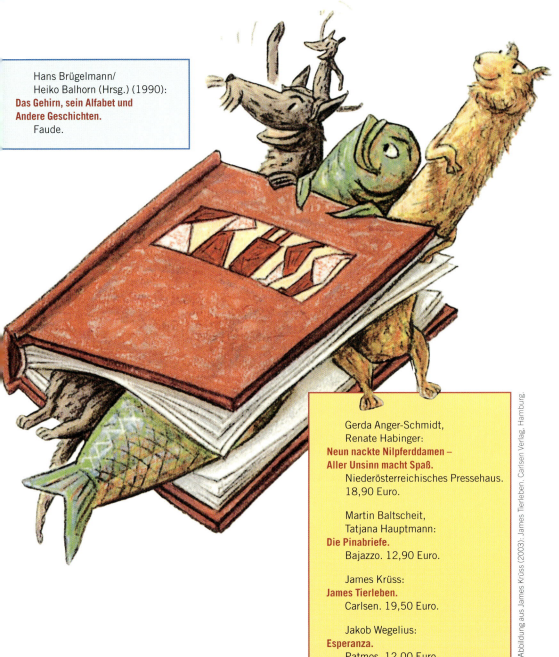

Hans Brügelmann/
Heiko Balhorn (Hrsg.) (1990):
Das Gehirn, sein Alfabet und Andere Geschichten.
Faude.

Gerda Anger-Schmidt,
Renate Habinger:
**Neun nackte Nilpferddamen –
Aller Unsinn macht Spaß.**
Niederösterreichisches Pressehaus.
18,90 Euro.

Martin Baltscheit,
Tatjana Hauptmann:
Die Pinabriefe.
Bajazzo. 12,90 Euro.

James Krüss:
James Tierleben.
Carlsen. 19,50 Euro.

Jakob Wegelius:
Esperanza.
Patmos. 12,00 Euro.

15. Katharina konnte lesen, als sie in die Schule kam, jetzt macht es ihr aber keinen Spaß mehr.

LESEANFÄNGER

▶ **Katharina hatte bereits vor der Einschulung von ihrem Opa das Lesen gelernt und war sehr stolz darauf. Der Lese- und Schreibunterricht langweilt sie, sie reagiert mit Verweigerung.**

Bei der Einschulung reicht die Entwicklung der Kinder in einer Klasse oftmals von solchen, die Schwierigkeiten haben, Schrift zu erkennen, bis zu denen, die bereits Bücher lesen. Nicht immer erkennen Lehrerinnen den Lernstand aller Kinder gleich zu Beginn, individuelles Eingehen auf die Unterschiede findet dann nicht statt.

Kindern, die bei Schuleintritt bereits lesen, muss die Schule vom ersten Schultag an vermitteln, dass sie sich auf ihr Können einstellt. Das bedeutet, ihnen entsprechend ihren Fähigkeiten Lesestoff und Aufgaben anzubieten, die sie fordern und die ihnen Anreize zur Weiterentwicklung geben. Aus Furcht vor einer Außenseiterrolle versuchen Kinder manchmal, ihr Können zu verstecken. Die Eltern sollten aber, auch gegen den Willen des Kindes, die Lehrerin informieren. Auch wenn bekannt ist, dass das Kind lesen kann, erfolgt nicht immer das entsprechende Angebot, das Kind fühlt sich unterfordert und verliert die Lust am Lesen.

Im Gespräch mit der Lehrerin können Eltern deutlich ihren Wunsch nach angemessenen Leseangeboten für ihr Kind artikulieren. Darüber hinaus können sie sich über individualisierende Lernangebote informieren, um einzuschätzen, wieweit ihr Kind spezielle Unterstützung erhält. In vielen englischen Schulen übernehmen Eltern oder Großeltern eine wichtige Rolle. Sie lesen nach Absprache und Vorbereitung mit einzelnen Kindern, z. B. den fortgeschrittenen Lesern, um ihnen zusätzliche Anerkennung zu geben. ◀

▶ **Informieren Sie die Lehrerin schon vor der Einschulung über den Lesestand Ihres Kindes.**

▶ **Drängen Sie darauf, dass Ihr Kind seinen Fähigkeiten entsprechende Angebote erhält.**

▶ **Versuchen Sie gemeinsam mit anderen Eltern Einfluss zu nehmen auf die Schule, damit zusätzliche Bücher oder andere Arbeitsmittel angeschafft werden.**

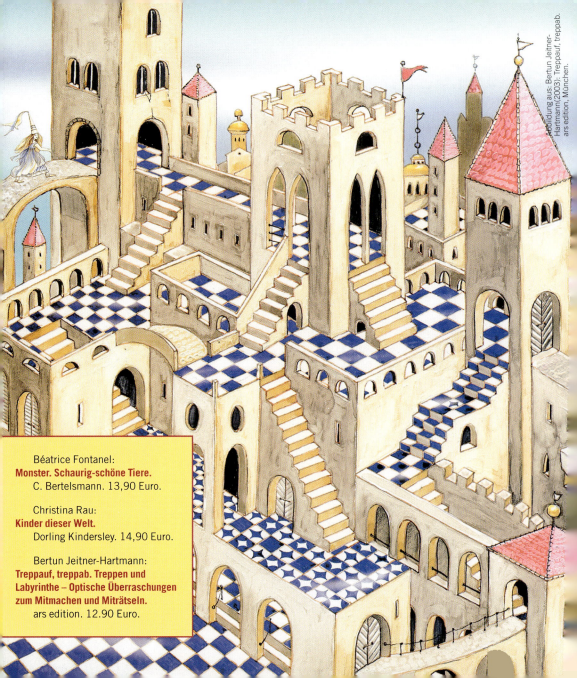

Béatrice Fontanel:
Monster. Schaurig-schöne Tiere.
C. Bertelsmann. 13,90 Euro.

Christina Rau:
Kinder dieser Welt.
Dorling Kindersley. 14,90 Euro.

Bertun Jeitner-Hartmann:
Treppauf, treppab. Treppen und Labyrinthe – Optische Überraschungen zum Mitmachen und Miträtseln.
ars edition. 12.90 Euro.

7. André ist so fernsehbesessen, da bleibt keine Zeit zum Lesen.

LESEANFÄNGER

▶ **Eltern stehen häufig vor der Schwierigkeit, den Fernsehkonsum ihrer Kinder zu begrenzen. Versuchen sie Buch und Fernsehen gegeneinander auszuspielen, werden sie keinen Erfolg haben, zu unterschiedlich sind beide Medien, zu unterschiedlich die Zugänge.**

Kinder, die viel fernsehen, sind nicht gewohnt, in Büchern zurückzublättern, zu verweilen, sich in Bilder mit all ihren Details zu vertiefen. Sie stoßen auf Handlungen und Situationen, für die es nicht immer Bilder gibt, die erst in der Vorstellung entstehen, und das macht einen großen Reiz der Literatur aus. Wie viel Spaß es macht, in der Fantasie Bilder zu entwickeln und Situationen auszumalen, entdecken Kinder oftmals erst in Gesprächen über das Gelesene. Das setzt aber voraus, dass die Erwachsenen auch (gelegentlich) die Bücher ihres Kindes lesen, um ihre eigenen Deutungen und Einschätzungen einzubringen. Sie können dann das Kind anregen, Vermutungen über den Fortgang anzustellen, einzelne Szenen nachzuspielen oder zu malen – Aktivitäten, die denen entsprechen, die Kinder nach Fernsehsendungen ausüben.

Daneben sind Bücher motivierend, die im Zimmer des Kindes oder in der Wohnung herumliegen, darunter auch Bildbände oder Lexika. Über das Stöbern, das Anlesen einiger Seiten oder ein Gespräch werden die Kinder auf diese Bücher gestoßen und vielleicht neugierig gemacht.

Die neuen Medien müssen nicht im Gegensatz zu Büchern stehen. Lesen ist heute eingebettet in eine multimediale Umwelt, und gerade bei Kindern, auf die das Fernsehen eine besonders starke Faszination ausübt, schaffen Verfilmungen von Kinderbüchern, Kassetten/CDs oder Videos Leseanreize. ◀

▶ **Lassen Sie Ihr Kind fernsehen.**

▶ **Versuchen Sie dem übermäßigen Fernsehkonsum Ihres Kindes durch gezielte Angebote von Filmen und Videokassetten entgegenzuwirken.**

▶ **Bieten Sie auch Bildbände an, die sich nicht speziell an Kinder wenden.**

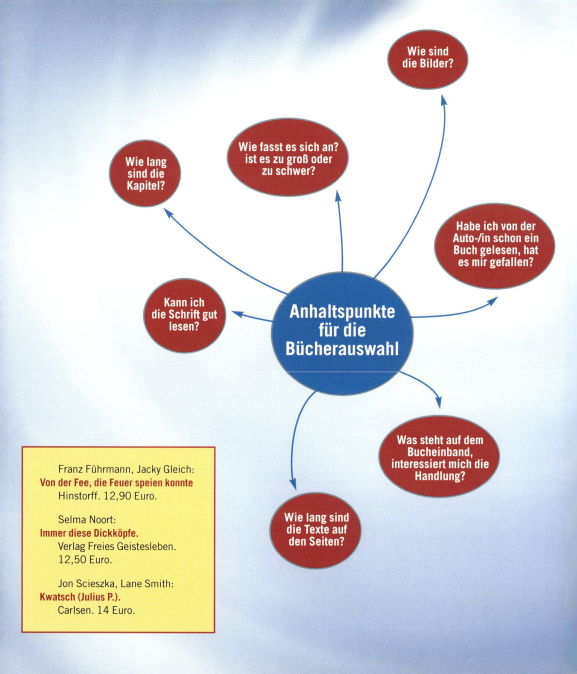

16. Annabelle fängt immer neue Bücher an, liest aber keines zu Ende.

LESEANFÄNGER

▶ **Annabelle steht am Anfang der 2. Klasse, sie kann fließend lesen. Aus der Schule bringt sie manchmal Bücher mit nach Hause, sie blättert auch in den Büchern der älteren Geschwister. Es wirkt aber häufig lustlos, wenn sie mit einem Buch da sitzt.**

Wer Kinder in einer Bücherei beobachtet, stellt oft fest, dass etliche Kinder sich nur flüchtig orientieren, Bücher kurz anschauen und dann wieder zurückstellen. Häufig nehmen sie ein Buch mit, das ihnen nicht gefällt. Die richtige Auswahl zu treffen ist schwierig. Zu schnell setzen Eltern und auch Lehrerinnen voraus, dass Kinder wissen müssten, welche Bücher sie lesen möchten. Sie haben aber oft nicht genügend Vorkenntnisse und benötigen Anleitung und Hinführung. Manchmal hilft es schon, wenn ein begleitender Erwachsener Hinweise gibt, wie „Von dem Autor hast du doch schon ein Buch gelesen, das dir gut gefallen hat" oder „Vor kurzem warst du ganz vertieft in das Buch über Hunde, hier ist wieder eins."

Auswahlkriterien zu entwickeln ist ein langwieriger Prozess, der schon im frühen Kindesalter beginnt und den Eltern und Schule gut begleiten können: Dem Kind bewusst zu machen, was ihm an einem Buch gefällt, den Namen der Autorin oder des Autors hervorzuheben, das Thema anzusprechen, auf Illustrationen aufmerksam zu machen, zu Stellungnahmen aufzufordern und beliebte Figuren zu erfragen.

Bücher lesen erfordert Ausdauer und Konzentration, aber auch die Fähigkeit zu erinnern und Verbindungen herzustellen. Bisweilen schätzen Kinder ihre Fähigkeiten falsch ein und überfordern sich, indem sie nach zu schwierigen oder zu langen Texten greifen. Gerade Leseanfänger brauchen Bücher mit Illustrationen und kurzen Texten, um durch selbstständiges Lesen zu Erfolgserlebnissen zu kommen. ◀

▶ **Versuchen Sie herauszufinden, ob Ihr Kind Bücher auswählt, die nicht sein Interesse treffen.**

▶ **Überprüfen Sie, ob die Texte zu schwierig sind.**

▶ **Lesen Sie Ihrem Kind vor und lassen Sie es an besonders spannenden Stellen allein weiterlesen.**

„Paired Reading" ist eine Form fördernden Lesens, die in Großbritannien häufig Kindern mit Leseschwierigkeiten angeboten wird. Zwei Personen (a pair) lesen gemeinsam, dabei nimmt eine Person die Rolle des „Lese-Tutors", des „Helfers", ein. Gelesen werden Texte, die das Kind selbst auswählt. Abschnitte oder Ausschnitte, die für das Kind eine Bedeutung haben, also keine zusammenhanglosen Sätze oder Einzelwörter. Neue Texte, mit denen das Kind noch keine Misserfolge verbindet, eignen sich dafür am besten.

Nachdem sich das Kind kurz eingelesen hat, lesen Tutor und Kind gemeinsam gleichzeitig halblaut vor. Liest das Kind ein Wort falsch, spricht der Tutor das betreffende Wort richtig vor. Das Kind wiederholt und beide gehen weiter im Text. Keine Erklärungen, kein Buchstabieren – wichtig ist das Sinnverständnis. Das Kind versucht nicht lange, das Wort selbst zu erlesen, der Lesefluss ist wichtig, damit das Lesen zu einer ganzheitlichen und keiner zerstückelten Erfahrung wird.

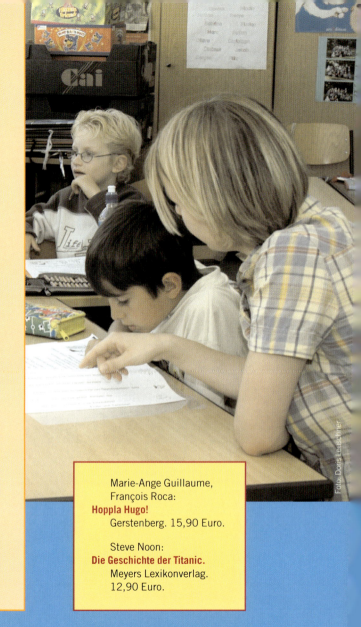

Foto: Doris Leutschner

Marie-Ange Guillaume, François Roca:
Hoppla Hugo!
Gerstenberg. 15,90 Euro.

Steve Noon:
Die Geschichte der Titanic.
Meyers Lexikonverlag.
12,90 Euro.

17. Justus hat große Schwierigkeiten mit dem Lesen, er will aber auch nicht üben.

LESEANFÄNGER

> ► **Allein die Aufforderung zum Üben ruft bei Justus (7) Abneigung und Unlust hervor, er versucht sich zu entziehen.**

Ständige Ermahnungen belasten häufig das Verhältnis zwischen Eltern und Kindern, denn oft sollen Texte aus der Schule zu Hause wiederholt werden. Gleichförmiges Üben an einem Text ist aber nur selten erfolgreich, Abwechslung ist motivierender.

Spielerische Übungsformen machen Kinder neugierig: bestimmte Wörter in einem Text suchen, Lücken ausfüllen, verdrehte Sätze in eine richtige Form bringen. Zusätzliche Motivation bringt der Computer, wenn das Kind z. B. Wörter aus dem Text heraussucht und diese dann über die Tastatur eingibt.

Der Wunsch, gut zu lesen, ist bei vielen Kindern ausgeprägt. Er verschwindet allerdings – manchmal schon kurze Zeit nach der Einschulung –, wenn die Kinder auf Texte treffen, die sie nicht interessieren. Thematisch ansprechende Angebote, nicht zu hoch im Schwierigkeitsgrad, und Bücher und Texte, die das Kind selbst auswählt, eignen sich für übendes Lesen. In vielen Büchern werden Satzteile oder Satzmuster wiederholt, eine große Hilfe beim selbstständigen Erlesen.

Neben gezieltem Üben ist es wichtig, dem Kind weiterhin vorzulesen und gelegentlich kurze Textausschnitte auszuwählen, die es ohne Schwierigkeiten selbst bewältigen kann. Das Gefühl für den Text bleibt erhalten, gleichzeitig steigt das Selbstvertrauen (s. S. 58). Unabhängig davon sollten Eltern ihr Kind aber auch auf Schrift im Alltag aufmerksam machen, z. B. auf Anfangsbuchstaben bei Wegweisern, Werbung, Aufschriften – das ist hilfreicher als sinnentleerte Übungen.

Aber auch Sachbilderbücher, bei denen Zeichnungen, Fotos, Abbildungen die Aufmerksamkeit fesseln, verlocken gerade Kinder, die nicht lesen wollen, zum Lesen. ◄

► **Probieren Sie aus, welche Übungsformen das Kind ansprechen.**

► **Lassen Sie Ihr Kind im Alltag die Bedeutung von Schrift raten.**

► **Treffen Sie Verabredungen mit Ihrem Kind, um das Üben mit motivierenden anderen Tätigkeiten zu verbinden, wie Vorlesen, Computerbenutzung usw.**

Heinz Bonfadelli,
Priska Bucher (Hrsg.) (2002):
Lesen in der Mediengesellschaft.
Pestalozzianum.

Thomas Feibel (2004)
Der Kinder-Software-Ratgeber.
Die besten Multimediaprodukte
für Spiel, Spaß und Kreativität.
(Wird jährlich aktualisiert!)
Rowohlt

Spiele auf CD-Rom zu bekannten
und beliebten Kinderbüchern:
Findus bei den Mucklas
Oetinger. 35,00 Euro.

**Die Olchis –
Schleime-Schlamm & Käsefuß**
Oetinger. 25,00 Euro.

**Die Wilden Hühner –
Gestohlene Geheimnisse**
Oetinger. 29,90 Euro.

Abbildung aus Gunilla Bergström – aus Mit wem spielst du, Willi Wiberg? CD-ROM © 2004 Friedrich Oetinger Verlag, Hamburg

18. Laura spielt am liebsten mit ihrem Bruder am Computer.

LESEANFÄNGER

▶ **Laura geht seit einem Jahr zur Schule. Sie erledigt ihre Hausaufgaben schnell, hat aber keine Lust, zusätzlich zu lesen. Sie spielt am liebsten mit ihrem zwei Jahre älteren Bruder Alexander stundenlang am Computer.**

Computer, Playstation, Fernsehen, Kassetten, Gameboys – diese Medien bestimmen heute stark die Welt von Kindern. Auch auf diejenigen, die gern lesen, üben sie eine starke Faszination aus, das gilt besonders für die audiovisuellen Medien.

Für viele Kinder – aber auch Erwachsene – entsteht über die neuen Medien ein Zugang zum Lesen und zum Buch, der ihnen sonst verwehrt bliebe. Fernsehserien ebenso wie Computerspiele zu Büchern motivieren auch Menschen zum Lesen, die sonst eher nicht lesen. Gerade die CD-ROM, häufig als „living book" bezeichnet, ist wegen ihrer optischen und akustischen Aufmachung für manche attraktiver als der reine Schrifttext. Die Möglichkeit, sich selbst aktiv einzubringen und die Handlung zu beeinflussen, eröffnet mehr Spielraum als das Lesen oder das Fernsehen.

Der Computer ist ein Medium, das nicht ohne Schriftkenntnisse bedient werden kann. Der Umgang erfordert Fertigkeiten und Fähigkeiten, die in engem Zusammenhang mit dem Lesen stehen: das Bedienen der Tastatur, das Lesen betriebsbedingter Befehle und Anweisungen, das Lesen des Geschriebenen. Die Sicherheit, die Laura im Umgang mit dem Computer erwirbt, kann sie für viele Zwecke nutzen. So kann sie mit Anleitung und Unterstützung durch den älteren Bruder oder die Eltern z. B. mit CD-ROMs eine Brücke schlagen zwischen Computerspielen und Lektüre. Inzwischen liegen viele Klassiker, wie z. B. *Pippi Langstrumpf, Willi Wiberg* oder *Das Sams*, Bücher also, die Kinder häufig vom Vorlesen kennen, als CD-ROM vor. ◀

▶ **Informieren Sie sich über CD-ROMs zu Kinderbüchern.**

▶ **Wählen Sie Stoffe, die Ihr Kind bereits als Buch kennt oder die es interessieren könnten.**

▶ **Lassen Sie Ihr Kind damit spielen und ausprobieren, so wie es ihm gefällt.**

61

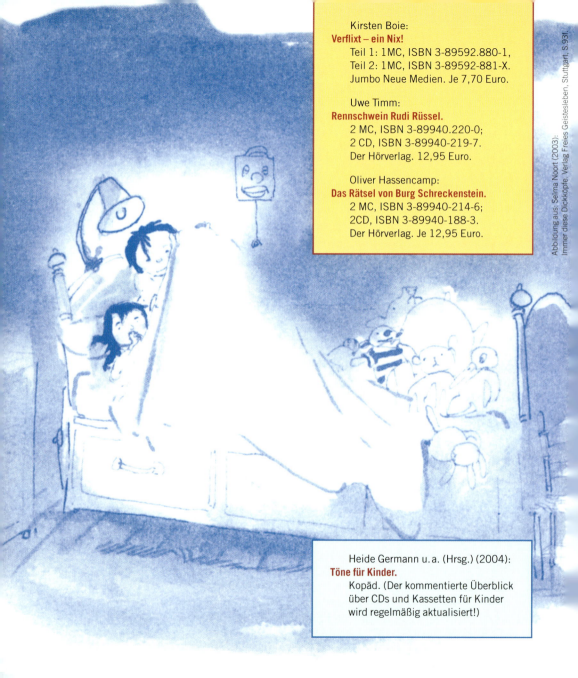

Kirsten Boie:
Verflixt – ein Nix!
Teil 1: 1MC, ISBN 3-89592.880-1,
Teil 2: 1MC, ISBN 3-89592-881-X.
Jumbo Neue Medien. Je 7,70 Euro.

Uwe Timm:
Rennschwein Rudi Rüssel.
2 MC, ISBN 3-89940.220-0;
2 CD, ISBN 3-89940-219-7.
Der Hörverlag. 12,95 Euro.

Oliver Hassencamp:
Das Rätsel von Burg Schreckenstein.
2 MC, ISBN 3-89940-214-6;
2CD, ISBN 3-89940-188-3.
Der Hörverlag. Je 12,95 Euro.

Heide Germann u. a. (Hrsg.) (2004):
Töne für Kinder.
Kopäd. (Der kommentierte Überblick über CDs und Kassetten für Kinder wird regelmäßig aktualisiert!)

Abbildung aus: Selma Noort (2003): Immer diese Dickköpfe, Verlag Freies Geistesleben, Stuttgart, S. 93f.

19. Ich habe keine Zeit vorzulesen, da gebe ich meinen Kindern Kassetten.

LESEANFÄNGER

▶ **Meine Kinder sind sieben und neun Jahre alt. Früher habe ich viel vorgelesen, jetzt schaffe ich es nicht mehr. Ich merke aber, dass sie es vermissen.**

Vorlesen erfordert Zeit, und für viele Eltern ist Zeit knapp. Sie würden gerne vorlesen, aber immer wieder „kommt etwas dazwischen, reicht die Zeit nicht". Dabei geht es gar nicht so sehr um die Dauer, es geht um die gemeinsam verbrachte Zeit. So genügen manchmal schon fünfzehn Minuten Vorlesen, um dem Kind zu vermitteln „Meine Mutter, mein Vater nimmt sich Zeit, um mit mir zusammen sein, ich bin wichtig." Das sind Erfahrungen, die im hektischen Alltag oft verloren gehen, und die gerade als Tagesabschluss einen hohen Wert haben.

Viele Kinder hören regelmäßig Kassetten, z. B. auf langen Autofahrten oder vorm Ins-Bett-Gehen. Obwohl sie ganze Abschnitte auswendig kennen, wollen sie nicht gestört werden, wenn sie ihren Kassetten lauschen. Sie hören diese immer wieder, und auch wenn sie dabei mit anderen Dingen beschäftigt sind, richtet sich ihre Aufmerksamkeit auf den Inhalt. Etliche Klassiker der Kinderliteratur, wie z. B. *Pippi Langstrumpf* haben Kinder über Kassetten kennen gelernt, und in vielen Fälle wollen sie anschließend unbedingt das Buch selbst lesen.

Kassetten nehmen in der Leseentwicklung und Leseförderung einen wichtigen Platz ein. Sie ermöglichen Kindern, selbst zu entscheiden, was sie hören wollen, und was sie wann und wie lange hören wollen. Das Vorlesen können sie aber nicht vollständig ersetzen, es handelt sich um zwei unterschiedliche Formen. Ein Wechsel zwischen beiden Angeboten stellt sicher, dass die mit dem Vorlesen einhergehende Nähe nicht zu kurz kommt, und das vermittelt auch schon eine kurze Vorlesesituation. ◀

▶ **Versuchen Sie zunächst kurze Zeiten zum Vorlesen einzuplanen, auch 15 Minuten haben eine hohen Wert.**

▶ **Nehmen Sie sich nicht Zeitspannen vor, die Sie nicht einhalten können, Regelmäßigkeit ist wichtig.**

▶ **Wählen Sie bewusst Kassetten aus.**

Philippe Bourseiller,
Helene Montarde:
Vulkane für Kinder erzählt.
Knesebeck. 14,95 Euro.

Stephen Biesty:
Rom – Ein Spaziergang durch die ewige Stadt.
Hanser. 14,90 Euro.

Steve Noon:
Die Geschichte der Titanic.
Meyers Lexikonverlag. 12,90 Euro.

Joyce Pope, Richard Orr:
Das große Lexikon der Säugetiere.
Patmos. 25,00 Euro.

„Sie las von den breitblättrigen Bäumen des Regenwaldes, durch die nur selten ein Sonnenstrahl fiel. Sie las von den Reisenden, die das Labyrinth von Flüssen erforscht und Tausende von unbekannten Pflanzen und Tieren entdeckt hatten. Sie las von Vögeln mit schillerndem Gefieder, die zwischen den ausladenden Zweigen herumschwirrten – Aras und Kolibris und Papageien –, und von Schmetterlingen, so groß wie Untertassen, von süß duftenden Orchideen, die wie Vorhänge von den Bäumen herabhingen. Und sie las von der Weisheit der Indianer, die Krankheiten und Wunden auf eine Art und Weise heilen konnten, die in Europa keiner verstand."

Eva Ibbotson – aus „Maia oder als Miss Minton ihr Korsett in den Amazonas warf" Cecilie Doessler Verlag, Hamburg

Abbildung: Eva Ibbotson – aus „Maia oder als Miss Minton ihr Korsett in den Amazonas warf" Cecilie Doessler Verlag, Hamburg

20. Andy liest nur Sachbücher.

LESEANFÄNGER

▶ **Seit dem Ende der ersten Klasse kann Andy selbst lesen. Früher hat er sich gerne Bilderbücher angesehen, jetzt hat er nur noch Interesse für Sachbücher, in denen es um Fahrzeuge, Flugzeuge und Schiffe geht.**

Anleitungen, z.B. zum Basteln, Kochen oder Werken, Spiel- und Gebrauchsanweisungen – Sachtexte tauchen überall auf, und sie zu verstehen und in Handlung umzusetzen ist Teil unserer Kultur. Kinder sind neugierig, sie wollen viel über die Welt wissen. Bücher sind ein ideales Mittel, um Neues zu erfahren, und Sachbücher, Enzyklopädien und Lexika bieten wissenshungrigen Kindern und Erwachsenen Unmengen an Informationen, die sie verschlingen und mit genauso großer Spannung lesen wie andere Kriminalgeschichten. Viele Erwachsene, insbesondere Männer, lesen ausschließlich Sachbücher, wen wundert es da, dass es auch ein großes Angebot für Kinder gibt. Die Bandbreite reicht vom sehr einfach aufgemachten Sachbilderbuch für Vorschulkinder über das Sachbuch mit wenig Text für Erstleser bis zum anspruchsvoll gestalteten Buch, das sich an fortgeschrittene Leser wendet. Die Texte sind oft schwierig, werden sie aber begleitet von Abbildungen, Zeichnungen, Fotografien dann erschließt sich der Inhalt auch für nicht geübte Leser. Viele Sachbücher variieren die Schrift- und Drucktypen und auch die Textlängen auf den einzelnen Seiten, Kinder wählen so die zu ihnen passende Schwierigkeitsstufe.

Mehr über ein bestimmtes Interessengebiet erfahren zu wollen motiviert viele Kinder, sich mit Texten auseinander zu setzen, die sie sonst als zu schwierig einstufen würden – Sachbücher sind also ein wichtiges Element in der Leseentwicklung. ◀

▶ **Bestärken Sie Ihr Kind darin, Bücher über Themen zu lesen, die ihm wichtig sind.**

▶ **Informieren Sie sich über Sachbücher, die sich an unterschiedliche Altersgruppen wenden.**

▶ **Vergleichen Sie Sachbücher zum selben Thema.**

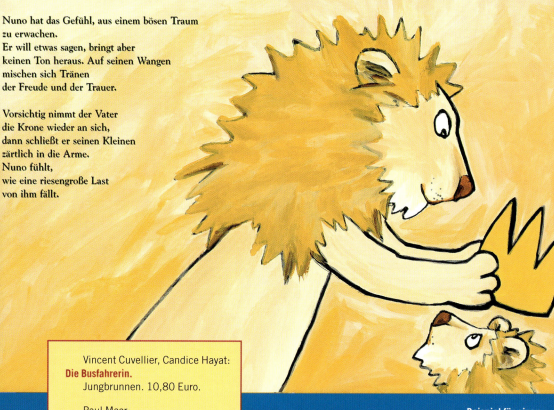

Nuno hat das Gefühl, aus einem bösen Traum zu erwachen.
Er will etwas sagen, bringt aber keinen Ton heraus. Auf seinen Wangen mischen sich Tränen der Freude und der Trauer.

Vorsichtig nimmt der Vater die Krone wieder an sich, dann schließt er seinen Kleinen zärtlich in die Arme. Nuno fühlt, wie eine riesengroße Last von ihm fällt.

Vincent Cuvellier, Candice Hayat:
Die Busfahrerin.
Jungbrunnen. 10,80 Euro.

Paul Maar:
Das kleine Känguru lernt fliegen.
Oetinger. 6,50 Euro.

Ursula Scheffler, Hannes Gerber:
Der wilde Korsar.
ars edition. 6,50 Euro.

Ingrid Uebe, Helga Spieß:
Kleine Hundegeschichten.
ars edition. 6,50 Euro.

Norma Spaulding:
Das kleine blaue Paket.
Ravensburger. Preis 15,00 Euro.

Beispiel für einen abgeschlossenen Text auf einer Doppelseite

Abbildung aus: Mario Ramos (2001): Nuno – der kleine König. Moritz Verlag, Frankfurt/M.

LESEANFÄNGER

20. Katja fängt gerade an zu lesen, sie wünscht sich Bücher, die sie selbst lesen kann.

▶ **Katja ist am Ende der ersten Klasse. Sie ist stolz darauf, dass sie lesen kann, und will nun unbedingt selbst Bücher lesen.**

Viele Bücher sind zwar für Leseanfänger ausgewiesen, bei genauem Hinschauen entpuppen sie sich dann aber als zu schwierig für manche Kinder. Es ist wichtig, den Text genau zu betrachten, denn Kinder, die gerade lesen gelernt haben, sind auf Bücher angewiesen, die ihnen das Lesen erleichtern. Sie sollen bei ihren ersten Versuchen nicht entmutigt werden, sondern Erfolgserlebnisse haben.

Es gibt einige technische Aspekte, die eine deutliche Erleichterung bedeuten. Beim Schriftbild sind es klare Schrifttypen, eine ausreichend große Schrift und ein deutlicher Abstand zwischen den Wörtern und Zeilen. Die Sätze sollen kurz sein und auf der Seite abschließen, also nicht auf die Folgeseite hinüberreichen. Ungewöhnliche und auch lange Wörter ebenso wie verschachtelte Sätze erschweren das Erlesen. Hilfreich sind auch Wiederholungen im Text, und wenn Wortschatz und Satzstellung aus dem alltäglichen Sprachgebrauch vertraut sind, fällt das selbstständige Erlesen leichter.

Neben speziellen Erstlesereihe z. B. von *dtv* und *Ravensburger,* findet sich gerade unter den Bilderbüchern eine große Auswahl geeigneter Titel. Dabei unterstützen Illustrationen, die sich auf den Inhalt beziehen und stark damit korrespondieren, das selbstständige Erlesen. Sie zeigen den Sinnrahmen auf und bestimmen somit die Erwartungshaltung an den zu erlesenden Text. ◀

▶ **Wählen Sie Bilderbücher mit viel Text.**

▶ **Suchen Sie Bücher mit unterschiedlichen Textlängen und Drucktypen aus.**

▶ **Lesen Sie ihrem Kind aus Erstlesereihen vor.**

67

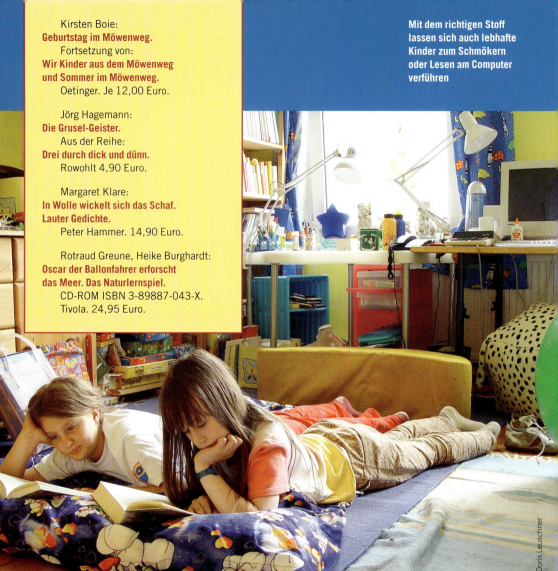

Kirsten Boie:
Geburtstag im Möwenweg.
Fortsetzung von:
Wir Kinder aus dem Möwenweg und Sommer im Möwenweg.
Oetinger. Je 12,00 Euro.

Jörg Hagemann:
Die Grusel-Geister.
Aus der Reihe:
Drei durch dick und dünn.
Rowohlt 4,90 Euro.

Margaret Klare:
In Wolle wickelt sich das Schaf.
Lauter Gedichte.
Peter Hammer. 14,90 Euro.

Rotraud Greune, Heike Burghardt:
Oscar der Ballonfahrer erforscht das Meer. Das Naturlernspiel.
CD-ROM ISBN 3-89887-043-X.
Tivola. 24,95 Euro.

Mit dem richtigen Stoff lassen sich auch lebhafte Kinder zum Schmökern oder Lesen am Computer verführen

Foto: Doris Leuschner

21. Lina will nicht lesen.

SELBSTLESER

▶ **Lina ist acht Jahre alt. Schule macht ihr Spaß, Lesen nicht. Schon als kleines Kind hatte sie nur wenig Interesse an Bilderbüchern, und seitdem sie zur Schule geht, ist die Abneigung noch gewachsen. Sie tobt gern draußen herum, spielt mit dem Hund, fährt Fahrrad – sie ist immer in Bewegung.**

Für Kinder wie Lina, die selten still sitzen, ist es manchmal schwierig, sich auf Bücher zu konzentrieren. Lesen hat für sie keinen Sinn, es bedeutet Zwang und Langeweile. Es ist nicht leicht, ihnen zu vermitteln, dass Lesen neue Welten eröffnet und sie bereichert, denn sie leiden nicht unter dem Gefühl, etwas zu vermissen. Dass Lesen bedeutsam ist, erfahren sie über Texte und Bücher, die sie ansprechen. Nicht die Grundfertigkeiten des Lesens stehen dann im Mittelpunkt, sondern die Sinnhaftigkeit, und die könnte sich für Lina über Bücher von gleichaltrigen Mädchen, ähnlich unternehmungslustig und lebendig, erschließen. Neben den Büchern von Astrid Lindgren sind das auch solche von Kirsten Boie und Cornelia Funke oder andere spannende Bücher, in denen Mädchen eine wichtige Rolle einnehmen. Eltern können kurze Ausschnitte vorlesen und so auf diese Bücher neugierig machen. Lebhafte Kinder sind schnell überfordert, wenn sie still sitzen sollen. Vielleicht ist Lina über bewegte Bilder, wie z. B. CD-ROMs, zu motivieren. Das Lesen ist hier weniger abstrakt, Figuren bewegen sich und fordern dazu auf, selbst aktiv zu sein. Das Kind ist beteiligt, es spielt mit. Dieses abwechslungsreiche Vorgehen verlangt nicht das konzentrierte Lesen und erinnert so nicht an die Abneigung, die im Umgang mit Büchern bereits entstanden ist.
Es bietet sich auch an, das Kind an Kinderzeitschriften heranzuführen und diese bei Interesse zu abonnieren – auch sie wecken das Interesse an Schrift. ◀

▶ **Lesen Sie aus Bücher vor, deren Figuren Ähnlichkeit mit Ihrem Kind haben.**

▶ **Führen Sie Ihr Kind an CD-ROMs heran, die es selbst aktiv mitgestalten kann.**

▶ **Bieten Sie Ihrem Kind Kinderzeitschriften und Kindermagazine an.**

Cornelia Funke:
Tintenherz.
Dressler. 19,90 Euro.

Sabine Ludwig:
Der Mädchentausch.
Dressler. 9,90 Euro.

Roderick Townley:
Die Wunderbare Welt der Sylvie.
Fischer. 11,90 Euro.

Donata Elschenbroich (2001):
Weltwissen der Siebenjährigen.
Antje Kunstmann.

„Nochmal! Strahlt die Dreijährige. Das Buch wurde an diesem Abend schon zweimal gelesen, von Deckel zu Deckel,
Nochmal! Fünfmal hintereinander ist der Zweijährige an der Hand über den Baumstamm balanciert. Nochmal! … Ist das Üben ein spontanes Bedürfnis? Übernehmen Kinder erst von Erwachsenen die Sicht, dass Üben monton, das Wiederholen langweilig ist …?"

Donata Elschenbroich (2001): Weltwissen der Siebenjährigen. Antje Kunstmann, S. 191.

„Noch einmal lesen, was man beim erstenmal verworfen hat, noch einmal lesen, ohne Abschnitte zu überspringen, noch einmal unter einem anderen Aspekt zu lesen, zur Überprüfung noch einmal lesen, jawohl, all diese Rechte genehmigen wir uns.
Aber wir lesen vor allem zweckfrei, aus Spaß an der Wiederholung, aus Freude am Wiederfinden und um die Vertrautheit auf die Probe zu stellen."

Daniel Pennac (2004): Wie ein Roman. Kiepenheuer & Witsch, S. 179.

22. Christina liest immer wieder dieselben Bücher.

SELBSTLESER

> ► Christina ist zehn Jahre alt. Mit großer Begeisterung liest sie immer wieder Titel aus der Fünf-Freunde-Reihe von Enid Blyton, einige zum dritten oder vierten Mal.

Wie Christina greifen viele Kinder über Jahre hinweg zu denselben Büchern. So lesen manchmal 18-Jährige noch Bücher, die ihnen bereits als Kindern gefallen haben. Sie kennen den Inhalt und treffen bei den Figuren auf Bekannte. Wenn sich ihre Aufmerksamkeit nicht so stark auf die Handlung richtet, stoßen sie auf Details, die sie vorher überlesen haben, wie z. B. stilistische Besonderheiten oder Einzelheiten bei den Figuren.

Es gibt Sicherheit, etwas Vertrautes zu lesen, ohne dass unliebsame Überraschungen auftauchen. Das ist ein beruhigendes und entspanntes Lesen, bei dem weniger der Reiz des Neuen als vielmehr das Wiederfinden den besonderen Wert ausmacht. Sich über Bücher zurück in die Kindheit zu versetzen, kann Gefühle und Erinnerungen aus einer Zeit wecken, die oft mit Unbeschwertheit verbunden ist.

Etwas lesen, das keine Schwierigkeiten bereitet und in emotionaler und intellektueller Hinsicht keine besonderen Anforderungen stellt, ist gerade für die Kinder wichtig, die sich häufig überfordert und überbeansprucht fühlen, ohne dass es ihnen oder den Eltern bewusst ist. Für sie ist es ein Erfolgserlebnis, einen Text mit Leichtigkeit und ohne Anstrengung zu erfassen. Das stärkt das Selbstbewusstsein, und das hat einen starken Einfluss auf ihre Leseentwicklung. Solche Erfahrungen machen Kinder so sicher, dass sie nach neuen Büchern greifen. Diese sollten an bisherige Lesevorlieben anknüpfen, einfach da sein und herumliegen, damit das Kind auf sie stößt. ◄

► **Dieselben Bücher wiederholt zu lesen gibt Sicherheit.**

► **Erzählen Sie von Büchern, die Sie selbst mehrfach gelesen haben.**

► **Versuchen Sie auf Bücher mit ähnlichen Themen neugierig zu machen, indem Sie einige Seiten vorlesen oder die Bilder zeigen.**

Christian Bienik:
Oberschnüffler Oswald und der krumme Dreh.
ars edition. 9,90 Euro.
(Weitere Bände in der Reihe: Oberschnüffler Oswald)

Amelie Fried, Peter Probst:
Taco und Kaninchen.
Heyne. 14,00 Euro.

Jörg Hagemann:
Drei durch dick und dünn.
Die Grusel-Geister.
Rowohlt. 4,90 Euro.
Weitere Bände in der Reihe:
Durch dick und dünn.

Josef Holub:
Die Schmuggler von Rotzkalitz.
Rowohlt. 5,80 Euro.

Simone Klages:
Die Detektive von Cismar und der Bankraub.
Beltz & Gelberg. 12,40 Euro.

Fabian Lenk:
Der Mönch ohne Gesicht.
Ein Ratekrimi aus dem Mittelalter.
Loewe. 7,90 Euro.
(Aus der Reihe: Tatort Geschichte)

Abbildung aus: Amelie Fried, Peter Probst (2003): Taco und Kaninchen. Heyne Verlag, München

23. Max liest fast nur Detektivgeschichten.

SELBSTLESER

▶ **Die Eltern befürchten, das sich ihr Zehnjähriger durch seine Vorliebe an schlechten Stil gewöhnt und von gewalttätigen Inhalten nachteilig beeinflusst wird.**

Viele Erwachsene lieben Kriminalromane, und bestimmte Autoren, wie z. B. Henning Mankell, haben Kult-Status. Auch den Bildschirm haben Krimis erobert, sie gehören zu den meistgesehenen Fernsehsendungen. Kein Wunder, dass auch Kinder nach spannender Lektüre greifen. Der Markt bietet ihnen eine große Auswahl, darunter auch besonders erfolgreiche Serien, wie die Reihe *Krimi Abenteuer*. Gerade Jungen, häufig als „Nichtleser" klassifiziert, fühlen sich von diesen Büchern angesprochen – ein guter Ansatz für eine speziell auf sie ausgerichtete Leseförderung. Hinzu kommt, dass die oft nicht eingestandene Lust an der Angst durch die im Kopf entstehenden Bilder ausgelebt wird.

Unzufrieden mit dem Leseverhalten ihrer Kinder übersehen Eltern wie auch Lehrerinnen den Gewinn, den das Lesen von Detektiv- und Kriminalgeschichten bringt. Auch dabei erwirbt der Leser Fähigkeiten und Fertigkeiten, die ihm beim Lesen anderer Bücher zugute kommen. Das besondere Augenmerk liegt auf Handlung und logischen Verbindungen, die zu eigenen Vermutungen führen. Die Leser genießen es, geführt zu werden, sich der Spannung auszuliefern, und gerade bei Geschichten mit einfacher Sprache ergeben sich keine überhöhten Anforderungen an Kinder, die das Lesen genießen wollen. Vielfach erkennen sie selbst die Vorhersagbarkeit und Ähnlichkeit im Muster, was die Freude am Lesen aber nicht beeinträchtigen muss.

Voraussetzung für das Lesen literarisch anspruchsvoller Stoffe ist die Lust am Lesen. Wer sie an eingängigen Texten erwirbt, traut sich später auch an Schwierigeres. ◀

▶ **Verleiden Sie Ihrem Kind nicht die Freude an Büchern, die es gern mag.**

▶ **Lesen Sie selbst einige der Detektivgeschichten und tauschen Sie sich aus.**

▶ **Bieten Sie ihm zusätzlich ähnlich spannende Bücher an.**

> Ursula Voß (Hrsg.) (1992):
> **Kindheiten.**
> Middelhauve.
>
> Heiko Balhorn / Hans Brügelmann (1993):
> **Bedeutungen erfinden –
> im Kopf, mit Schrift und miteinander.**
> Faude.

> Jutta Bauer:
> **Ich sitze hier im Abendlicht …**
> Gerstenberg. 24,90 Euro.
>
> Georgia Byng:
> **Molly Moon.**
> Hanser. 14,90 Euro.
>
> Jennifer L. Holm:
> **Boston Jane.**
> Dressler. 12,90 Euro.
>
> Eva Ibbotson:
> **Maia oder Als Miss Minton
> ihr Korsett in den Amazonas warf.**
> Dressler. 13,90 Euro.
>
> Hilary McKay:
> **Engel verzweifelt gesucht.**
> Oetinger. 9,90 Euro.
>
> Jacqueline Wilson:
> **Verliebte Girls.**
> Carlsen TB. 5,90 Euro.

> Mathilda ist eine außergewöhnliche Fünfjährige. Sie geht regelmäßig in die Bibliothek, dort unterhält sie sich oft mit der Bibliothekarin Frau Phelps.
> „Herr Hemingway schreibt vieles, was ich nicht verstehe", sagte Matilda zu ihr, „besonders über Männer und Frauen. Aber es hat mir trotzdem gefallen. So wie er es erzählt, hab ich das Gefühl, ich wäre dabei und schaute zu, wie alles passiert."
> „Dieses Gefühl wird dir ein guter Schriftsteller immer vermitteln", entgegnete Frau Phelps, „und kümmere dich nicht um die Kleinigkeiten, die du nicht verstehen kannst. Lehn dich einfach zurück und lass dich von den Wörtern umspielen wie von Musik."
>
> Roald Dahl (2001): Matilda. Rowohlt Verlag, Reinbek, S.19

24. Yvonne liest mit Vorliebe Bücher ihrer älteren Schwester.

SELBSTLESER

▶ **Yvonne ist fast acht Jahre alt. Bücher, die anderen Kinder in ihrer Klasse gefallen, schaut sie nicht an, sie holt sich Bücher der älteren Schwester, die aber noch gar nichts für sie sind.**

Immer wieder werden Kinder in bestimmte Lesealter eingeteilt. Das ist problematisch, setzt es doch voraus, dass die geistige Entwicklung von Kindern gleichförmig vorangeht. Kinder reifen aber nicht wie Treibhaustomaten. Ihre Individualität erfordert, dass jedes Mal neu geschaut, neu gedacht wird. Fähigkeiten und Interessen gleichaltriger Kinder sind höchst unterschiedlich ausgeprägt, und so erstaunt es denn auch nicht, dass einzelne Kinder sich für Lesestoff interessieren, der älteren zugedacht ist.

Kinder, die schon früh mit Büchern in Kontakt kommen, sind in ihrer Lesentwicklung oft weiter als diejenigen, die in der Schule zum ersten Mal Büchern begegnen. Sie erstaunen ihre Umgebung, wenn sie nach Büchern greifen, die Erwachsene als nicht passend für sie ansehen. Was bedeutet aber „passend"? Dass das Kind beim Lesen das Interesse behält, mit Freude liest und nicht an lesetechnischen Schwierigkeiten scheitert. Wir unterschätzen Kinder häufig, indem wir meinen, dass sie mit bestimmte Themen „noch nicht" in Berührung kommen dürften. Sie begegnen in unserer Mediengesellschaft ständig einer Vielzahl von Themen und sind dadurch häufig informierter und aufgeschlossener, als es Erwachsene gemeinhin annehmen. Dass sich dieses auch in der Wahl der Lektüre zeigt, ist nicht verwunderlich.

Wenn Kinder nach ihrem eigenen Leseinteresse Bücher auswählen, ist es sicherlich günstig für die Eltern, auch diese Bücher zu lesen. Sie erhalten so Einblick in das, was ihr Kind beschäftigt, und können seine Interessen aufgreifen. ◀

▶ **Lassen Sie Leseinteresse und Lesefreude nicht durch Altersangaben einengen.**

▶ **Lassen Sie ihr Kind die Bücher lesen, die es sich selbst aussucht und sprechen Sie über die Lektüre.**

▶ **Beobachten Sie, ob es damit an die Grenzen seiner Lesefertigkeiten stößt und lesen Sie dann ggfs. vor oder aber suchen Sie zu dem Thema ein anderes Buch.**

„Doch Meggie nahm ihre Bücher noch aus einem anderen Grund auf jede Reise mit. Sie waren ihr Zuhause in der Fremde – vertraute Stimmen, Freunde, die sich nie mit ihr stritten, kluge, mächtige Freunde, verwegen und mit allen Wassern der Welt gewaschen, weit gereist, abenteuererprobt. Ihre Bücher munterten sie auf, wenn sie traurig war, und vertrieben ihr die Langeweile, während Mo Leder und Stoffe zuschnitt und alte Seiten neu heftete, die brüchig geworden waren.“

Cornelia Funke – aus: „Tintenherz“
© Cecilie Dressler Verlag, Hamburg

Taschenbuchreihen für Kinder und Jugendliche:
dtv junior
Fischer Schatzinsel
rororo Rotfuchs

25. Bettina will Bücher, die sie mag, immer um sich haben.

SELBSTLESER

▶ **Bettina ist neun Jahre alt. Seit einem Jahr geht sie regelmäßig in die Stadtbibliothek, dort leiht sie sich meist Bücher aus, die sie bereits kennt und mag, wie z. B. Die feuerrote Friederike.**

Bücher zu besitzen, den eigenen Namen in das Buch zu schreiben, die Bücher vielleicht in einem Bücherregal zu sammeln – das hat für viele einen enormen Reiz. Erwachsene hängen oft stark an den Büchern, die sie als Kinder bekommen haben, und diese Bücher sind vielfach der Grundstein für die eigene Bibliothek. Anders als bei ausgeliehenen Büchern bedeutet es, bestimmte Bücher immer verfügbar zu haben und nach Bedarf in ihnen lesen und blättern zu können. Kinder (auch Erwachsene) sammeln gern Titel oder Reihen, wie z. B. Detektiv- oder Abenteuergeschichten, Märchenausgaben oder die Bücher einer bestimmten Autorin. Sie setzen dabei ihren ganzen Ehrgeiz daran, diese möglichst vollständig zu besitzen und dann zu tauschen oder auszuleihen.

Der Reiz, eigene Bücher zu besitzen, ist groß. Aber Bücher sind teuer. Preiswerter als gebundene Ausgaben sind Taschenbücher, die sich gut als Mitbringsel oder Geschenk eignen. Auch Bücherflohmärkte, häufig in den örtlichen Bibliotheken, aber auch im Versandhandel und Internet, ermöglichen es, preisgünstige Ausgaben zu kaufen. Der Bestand wird so allmählich erweitert, es entsteht eine erste Bibliothek.

Es gibt immer wieder Titel, die für Kinder eine besondere Faszination besitzen, ohne dass Erwachsene es nachvollziehen können. Manchmal sind es Bücher, die sie vom Vorlesen kennen oder in denen die Figuren einen besondern Bezug zu ihrem Leben haben. Manchmal ist es auch ein Buch, mit dem sich bestimmte Erinnerungen verbinden – es ist schön, wenn ein Kind diese Bücher besitzt. ◀

▶ **Treffen Sie mit Ihrem Kind genaue Absprachen über Buchkäufe.**

▶ **Verabreden Sie mit Verwandten und Freunden, dass diese Ihrem Kind zu Weihnachten oder zum Geburtstag Bücher schenken.**

▶ **Kaufen Sie statt Süßigkeiten gelegentlich ein Taschenbuch als Mitbringsel.**

Sabrina Ließ, Julika Riegert:
Die Feuerspucker. Lavaströme, Ascheregen und die Kraft der Vulkane.
Rowohlt. 12.90 Euro.

Claire Pye:
Wilde Welt der Zukunft.
Das Leben in Millionen Jahren.
Arena. 14,95 Euro.

Christoph Biemann:
Christophs Experimente.
Hanser. 16,90 Euro.

Joachim Masanek:
Die Bände aus der Reihe
Die Wilden Fußballkerle.
Baumhaus. Je 8,90 Euro.
Zu den Bänden 1–8 jeweils
2 MC je 14,90 Euro,
oder 3 CD je 14,90 Euro.

Buch mit der Entstehung
des Kinofilms:
Im Wilde Fußballkerle-Land.
Baumhaus. 12,90 Euro.

Dieter Schnack,
Rainer Neutzling (2000):
Kleine Helden in Not.
Rowohlt.

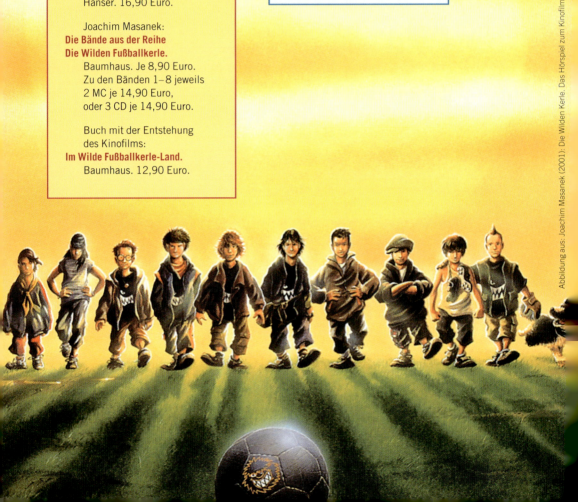

Abbildung aus: Joachim Masanek (2001): Die Wilden Kerle. Das Hörspiel zum Kinofilm.

„So sind Grimms Märchen in der Tat ein ideales Lesebuch, in dem das Kind den Inhalt findet, den es braucht, und zugleich, ohne es zu merken, eingeführt wird in die Formenwelt und Sprache großer Dichtung. [...] Man sollte nicht eine der ausgewählten und zurechtgemachten Ausgaben kaufen, die die Jugendbuchverlage in so reichem Maße anbieten, sondern ein richtig dickes Buch, mit dem sie selbständig umzugehen lernen. Zuerst wird man den kleinen Lesern zeigen müssen, wo die ihnen schon bekannten Märchen stehen ... das werden dann feste Plätze sein, von denen aus sie ihre Forschungsreisen in unbekannte Gegenden unternehmen können."

Elisabeth Weissert (1987): Vom Abenteuer des Lesens. Verlag Freies Geistesleben, S. 25

Hans Christian Andersen:
Die schönsten Märchen.
Beltz & Gelberg. 9,90 Euro.

Bruno Blume, Jacky Gleich:
Der gestiefelte Kater nach Ludwig Tieck.
Kindermann. 15,50 Euro.

Robert Klanten, Hendrik Helliger (Hrsg.):
Die Illustrierten Märchen der Brüder Grimm.
29,90 Euro.

Märchen der Brüder Grimm.
Bilder von Nikolaus Heidelbach.
Beltz & Gelberg. 14,90 Euro.

Bruno Bettelheim (1999):
Kinder brauchen Märchen.
dtv.

Elisabeth Weissert (1987):
Vom Abenteuer des Lesens.
Verlag Freies Geistesleben.

27. Charlotte liest nur Pferdebücher.

SELBSTLESER

▶ **Charlottes Hobby ist Reiten. Ihre gesamte Freizeit verbringt sie zusammen mit anderen Zehnjährigen auf dem Reiterhof.**

Ihre Faszination für Pferde und Reitsport übertragen Mädchen in der Vorpubertät oft auch auf Pferdebücher. Dabei handelt es sich vielfach um Bücher, die ähnlich aufgebaut und ohne große Anstrengungen zu lesen sind. Diese einfachen Muster, häufig ist der Ausgang vorhersagbar, verlangen von den Leserinnen kein besonderes Vorwissen und stellen keine hohen Anforderungen. Sie knüpfen an eine bekannte Welt an, in der die besondere Beziehung zum Tier oder die Auseinandersetzungen im Reitstall Nähe und Spannung vermitteln.

Für viele Erwachsene ist diese Lektüre langweilig, sie verstehen nicht, dass Mädchen immer wieder danach greifen. Für Kinder ist es anders. Die Lektüre spricht unbestimmte Bedürfnisse an und befriedigt sie. Die Figuren sind oft so allgemein gehalten, dass sie die Identifikation erleichtern. Meist ist das Lesen dieser Bücher nur ein Übergangsstadium in der Leseentwicklung. Nach einiger Zeit entsteht Sättigung oder Überdruss, die Leserinnen erkennen die große Ähnlichkeit unter den Bänden. Es erfordert von den Eltern Geduld und Vertrauen in die Fähigkeit der Kinder, selbst Qualität zu entdecken und den Anspruch allmählich zu steigern. Sie können diese Entwicklung unterstützen, indem sie andere Bücher anbieten, z. B. Sachbücher zum Thema Pferde. Daneben empfehlen sich Bücher, die ganz gezielt die speziellen Schwierigkeiten dieser Altersgruppe thematisieren, wie z. B. Loslösung von der Mutter oder Unsicherheiten im Umgang mit Freundinnen und Freunden.

Im Gegensatz zu Kindern, die nicht lesen, liest Charlotte, und das ist bei aller Sorge über den Lesestoff ein positives Zeichen. ◄

▶ **Machen Sie die Bücher nicht schlecht, damit erreichen Sie nur Trotz oder ein gesteigertes Interesse.**

▶ **Versuchen Sie mit Sachbüchern das Interesse an Pferden in andere Bahnen zu lenken.**

▶ **Lesen Sie selbst Bücher, die sich ebenfalls für diese Altersgruppe eignen, und machen Sie Ihr Kind neugierig darauf, indem sie davon erzählen.**

Beim Putzen lernt man sein Pferd gut kennen.

Putzen

Wild lebende Pferde wälzen sich zur Fellpflege auf dem Boden oder lassen sich von Artgenossen »beknabbern«. Arbeitende und aufgestallte Pferde aber müssen täglich von ihren Betreuern geputzt werden, damit das Fell gesund und glänzend bleibt.

Putzzeug

Das für die Pferdepflege notwendige Putzzeug ist in einer wasserdichten Kiste gut untergebracht. Kiste und Geräte sollten einmal wöchentlich gereinigt werden.

 Feste Bürste für groben Schmutz

 Kardätsche zum Ausbürsten von Staub

 Metallstriegel zum Reinigen der Kardätsche

 Hufkratzer (Seite 76)

 Weiches Tuch zum Abtrocknen und Polieren

 Gummistriegel zum Ausbürsten von losem Haar

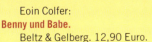

 ...um Ausbürsten ...hne und Schweif

Eoin Colfer:
Benny und Babe.
Beltz & Gelberg. 12,90 Euro.

Rosie Dickins:
Das große Ravensburger Pferdebuch.
Ravensburger. 14,00 Euro.

Elweyn Hartley Edwards:
Das große Pferdebuch.
Dorling und Kindersley. 29,90 Euro.

Christine Gohl:
Das Große Kosmos Pferdebuch.
Kosmos. 19,90 Euro.

Wolfram Hänel:
Ein Pferd für mich.
Beltz. 6,90 Euro.

Patricia Schröder:
Die Pfeffermiezen und der große Treuetest.
Arena. 10,50 Euro.

Abbildung aus: Rosie Dickins (2001): Das große Ravensburger Pferdebuch. Ravensburger Buchverlag

26. Tom hat keine Lust zum Lesen, seine Schwestern sind richtige Leseratten.

SELBSTLESER ◗

▶ **Viele Eltern klagen darüber, dass ihre Söhne im Vergleich zu den Töchtern weniger lesen. Unterschiede im Leseverhalten von Mädchen und Jungen sind bekannt: Mädchen lesen deutlich mehr Bücher.**

Dass Jungen eher zu den „Nichtlesern" gehören, mag auch an den meist weiblichen Lesevorbildern liegen. Zu Hause prägen überwiegend die Mütter den Umgang mit Büchern. Und Lehrerinnen in der Grundschule wählen häufig Lesestoffe nach den Interessen von Mädchen aus, mit weiblichen Hauptfiguren, bei denen Jungen Schwierigkeiten haben, sich zu identifizieren; oder sie wählen erzählende Texte. Jungen ziehen aber oft Sachtexte vor.

In ihrem Bemühen um männliche Identität lehnen Jungen diese fast ausschließlich von Frauen vermittelten Werte häufig ab und orientieren sich an Rollenvorbildern aus Abenteuerfilmen oder Gewaltserien. Werden männliche Bezugspersonen stärker in die Lesesozialisation eingebunden, sehen die Jungen, dass Lesen nicht „unmännlich" ist.

Es ist wichtig, Bücher auszuwählen, die die Interessen von Jungen stärker berücksichtigen. Gerade unter den Neuerscheinungen der letzten Jahre gibt es etliche Bücher, die Jungen in den Mittelpunkt stellen (s. auch S. 93 f.). Daneben die Vielzahl faszinierender Sachbücher, die oft die Interessen von Jungen treffen, und die sich sowohl an fortgeschrittenere Leser als auch an Leseanfänger wenden. Spezielle Zeitschriften und Sachbücher zeichnen sich durch Texte mit unterschiedlichem Schwierigkeitsgrad, informativen Fotos, Bildern und Zeichnungen aus.

Viele Jungen haben aber auch ein ausgeprägtes Interesse für Computer, und zahlreiche CD-ROMs greifen dieses technische Interesse auf. ◀

▶ **Versuchen Sie aus dem Umfeld Ihres Kindes eine männliche Person zum Vorlesen von Büchern zu gewinnen.**

▶ **Informieren Sie sich in Buchhandlungen oder Bibliotheken über Sachbücher und Bücher mit männlichen Hauptfiguren.**

▶ **Vergleichen Sie Ihren Sohn nicht ständig mit Mädchen, Jungen und Mädchen unterscheiden sich in ihrem Leseverhalten.**

28. Carsten will immer noch Märchen hören, aber dafür ist er mit seinen neun Jahren doch zu alt.

SELBSTLESER

▶ Märchen gelten heute – anders als früher – als Geschichten für Kinder. Manchen Eltern ist es deshalb peinlich, älteren Kindern daraus vorzulesen.

Märchen üben auf viele Kinder und Erwachsene eine besondere Faszination aus. Nahezu alle Märchen gibt es in unzähligen Auflagen – in sprachlichen Variationen – oder mit Illustrationen, die je eigene Interpretationen zulassen.

In vielen Familien gab und gibt es ein Märchenbuch, oftmals mit Grimm'schen Märchen, aus dem regelmäßig vorgelesen oder erzählt wurde und wird. Das ist Teil einer Jahrhunderte alten literarischen Tradition, die Bestandteil unserer Kultur ist. Die formelhafte Sprache ist gerade für jüngere Kinder wichtig, denn ihre festgefügten Wiederholungen vermitteln Sicherheit, Beständigkeit und Ruhe. Die häufig geradlinig verlaufende Handlung mit einzelnen klar erkennbaren Stationen erleichtert das Verstehen und Nachvollziehen. Die oft eindeutige Unterscheidung von Gut und Böse hat für alle etwas Tröstliches. Dass wesentliche existenzielle Fragen in Märchen berührt werden, ist erwachsenen Märchenliebhabern bewusst, vielleicht spüren es auch die Kinder.

Wenn ein neunjähriges Kind gern Märchen hört, ist das in keiner Weise auffällig oder bedenklich. Es findet dort etwas, das ihm wichtig ist, und das es gerade beim Vorlesen auch ohne eigene Anstrengung genießen kann. Es erlebt Sprache, die in ihrer Wortwahl, im Satzbau und in den Verknüpfungen beispielhaft ist, und die so sein eigenes Sprachempfinden schult und schärft. Darüber hinaus aber erlebt es mit der Vorlesesituation, in der ihm aus einem vertrauten Buch, von einer vertrauten Person ein vertrauter Text vorgelesen wird, eine ruhige Nische, nach der es offensichtlich in seinem Tagesablauf verlangt. ◀

▶ **Vermeiden Sie es, Ihre eigenen Ansprüche und Wünsche an Bücher auf das Kind zu übertragen.**

▶ **Lesen Sie Märchen so lange vor, wie Ihr Kind danach verlangt.**

▶ **Versuchen Sie allmählich das Angebot zu erweitern und beziehen Sie Märchen ein, wie z. B. solche aus fernen Ländern.**

KLAPPENTEXT
kurze Inhaltsangabe
auf dem rückwärtigen
Einband

AUTORENNAME
Verfasser,
von dem mir bereits
Bücher gefallen
haben

Martin von Aesch:
Wo ist Kim? Torgasse 12 –
Kukus zweiter Fall.
atlantis pro juventute. 12,90 Euro.

Karen-Susann Fessel:
Und wenn schon!
Oetinger. 9,90 Euro.

Ulrich Janssen, Ulla Steuernagel:
Die Kinder-Uni.
DVA. 19,90 Euro.

Michael Morpurgo:
Das schlafende Schwert.
König Artus, Excalibur und ich.
Dressler. 9,90 Euro.

**Orientierungshilfen
bei der Bücherauswahl**

ALTERSANGABE
grobe Einschätzung
des Lesealters

ILLUSTRATOR
Illustrator,
dessen Bilder
und Zeichnungen
ich mag

REIHENSIGNET
Zeichen oder Symbole,
mit denen besonders
Taschenbuchreihen
zu erkennen sind
(*rororotfuchs, Sonne,
Mond und Sterne*)

Kurt Franz (1995):
Lesen macht stark. Alles über Bücher.
dtv junior.

29. Alexander geht regelmäßig in die Stadtbücherei, die ausgeliehenen Bücher liest er aber nicht.

SELBSTLESER

▶ **Der neunjährige Alexander geht zweimal im Monat in die Bücherei. Er hat das früher zusammen mit seinem Bruder gemacht, jetzt ist er alt genug, um allein zu gehen. Zwei Bücher bringt er meistens mit, er liest aber nur sehr selten darin.**

Kinder versuchen häufig Erwartungen von Erwachsenen zu erfüllen, und wenn Alexander in die Stadtbücherei geht, erfüllt er solche ausgesprochenen oder auch unausgesprochenen Erwartungen. Er führt ein Ritual seiner Familie fort, ohne selbst von dessen Wert überzeugt zu sein. Um unangenehmen Fragen zu entgehen, bringt er also Bücher mit, obwohl er vielleicht gar nicht das Bedürfnis danach verspürt. Indem die Eltern dem Kind mehr Freiraum bezüglich des Büchereibesuches einräumen, könnten sie schnell feststellen, wie stark sein Interesse an der Bücherei wirklich ist.

Alexander kann aber auch große Schwierigkeiten beim Auswählen haben, weil er gar nicht weiß, nach welchen Gesichtspunkten er Bücher aussuchen soll. So wie ihm geht es vielen Kindern. Ihnen fehlen Anhaltspunkte, und es fällt ihnen schwer, z. B. mithilfe der Namen von Autoren und Titeln, die richtigen Bücher zu finden. Büchereien nehmen in der Regel eine Ordnung nach Altersgruppen und Sachgebieten vor. Wenn Kinder die Erfahrung gemacht haben, dass sie bei den für ihr Alter ausgewiesenen Titeln etwas Passendes finden, richten sie sich gern danach. Eine weitere Hilfestellung sind auch Hinweise auf Neuerscheinungen oder besonders empfehlenswerte Bücher. Kinder können diese Anhaltspunkte gut nutzen, wenn ihre Eltern oder die Schule sie beim Büchereibesuch unterstützen und darauf aufmerksam machen. Manchmal muss man sich auch einfach nur trauen, eine Bibliothekarin anzusprechen. ◀

▶ **Richten Sie die Häufigkeit von Büchereibesuchen nach den Bedürfnissen des Kindes aus.**

▶ **Machen Sie Ihr Kind auf Anhaltspunkte aufmerksam, wie Alters- und Sachgebietszuweisungen.**

▶ **Zeigen Sie Ihrem Kind nach welchen Gesichtspunkten Sie selbst Bücher auswählen, z. B. Klappentext, Anlesen der ersten Seiten, Inhaltsverzeichnis.**

„Und während wir die Dummheit des Lesestoffs von Jugendlichen schlecht machen, tragen wir gleichzeitig nicht selten zum Erfolg eines telegenen Schriftstellers bei, über den wir uns, sobald die Mode vorbei ist, lustig machen."

Daniel Pennac (2004): Wie ein Roman.
Kiepenheuer & Witsch, S. 186

Zoran Drvenkar, Ole Könnecke:
Du schon wieder.
Carlsen. 15,00 Euro

HERGÉ:
Tim und Struppi (div.)
Carlsen.

Edgar P. Jacobs:
Blake und Mortimer: Das gelbe M.
Carlsen. 12,00 Euro.

Sobo, Laska:
Berta, Berlin und MagicBi.
Ein Comic-Roman.
Sauerländer. 10,90 Euro.

Lewis Trondheim:
Herrn Hases haarsträubende Abenteuer.
Carlsen, 10.00 Euro.
verschiedene Bände.

Abbildung aus: Zoran Drvenkar, Ole Könnecke (2003): Du schon wieder. Carlsen Verlag, Hamburg.

30. Jan liest nur Comics.

SELBSTLESER

> Jan ist zehn Jahre alt, ehrgeizig, ein sehr guter Schüler.
> Von seinem Taschengeld kauft er sich am liebsten Comics.
> Er liest sie mit Begeisterung, tauscht sie mit seinen Freunden,
> ganz zerlesen sind sie schon.

Kinder mit sehr guten Schulleistungen setzen sich gelegentlich mit ihrem eigenen Ehrgeiz unter Druck, sie suchen sich dann entspannende Lektüre, wie z. B. Comics. Comics üben auch auf viele Erwachsene eine große Faszination aus. Wen wundert es da, dass Kinder auf die Frage nach ihrer Lieblingslektüre neben Kinderbüchern Comics an erster Stelle nennen. Sie erzählen Geschichten und stellen sie in aktionsreichen, witzigen Bildern vor. Sprech- und Denkblasen, manchmal kurze Kommentare, auf jeden Fall kein längerer zusammenhängender Text bestimmen den Eindruck. Von Donald Duck, Tim und Struppi, Asterix und Obelix, bis zu Reihen, in denen Gewalt verherrlicht wird. Sie sind anders zu lesen als Bücher mit nur wenig oder gar keinen Bildern, aber auch sie erfordern Leseleistung, müssen doch die Leser die oft sehr kurzen schlagwortartigen Ausrufe und Kommentare in einen Gesamtzusammenhang einordnen. Gewaltcomics machen vielen Eltern Sorge; mit nicht so verbreiteten Comics, wie z. B. denen von Edgar P. Jacobs, können sie aber das Angebot für ihr Kind gut erweitern.

Comicleser haben eine Vorliebe für eine bestimmte Textart entwickelt, und das allein ist schon ein wichtiger Schritt in ihrer Leseentwicklung und eine Grundlage für ein anhaltendes Interesse am Lesen. Dieses kann dazu führen, dass sie bereit sind, auch anstrengendere, zusammenhängende Texte zu lesen. Vielleicht ergibt sich dann ein Zugang über das Anlesen spannender Bücher, die nicht zu viel Leseleistung erfordern, wie z. B. *Toro! Toro!* von Michael Morpurgo. ◄

- ▶ **Lassen Sie Ihrem Kind die Freude an Comics.**

- ▶ **Überprüfen Sie, ob Ihr Kind Gewaltcomics liest.**

- ▶ **Erweitern Sie das Angebot mit Büchern, die Elemente des Comics aufweisen.**

Franziska Biermann,
Antje von Stemm:
www.olloswelt.de.
Gerstenberg. 12,90 Euro.

Elisabeth Honey:
Salamander im Netz.
Beltz & Gelberg.
12,90 Euro.

Andreas Schlüter:
Chaos im Netzwerk-Clan.
Arena. 12,90 Euro.

31. Anke sitzt viel am Computer, sie hat kein Interesse an Büchern.

SELBSTLESER

▶ **Anke ist zehn Jahre alt. Sie hat immer gern gelesen. Seitdem sie den Computer und seine Möglichkeiten entdeckt hat, spielt sie jede freie Minute daran, oftmals auch zusammen mit anderen Kindern.**

Die häufig pauschal vorgetragene Kritik an den neuen Medien berücksichtigt nicht die vielen Möglichkeiten und Chancen für Leserinnen und Leser. Ein großes Angebot elektronischer Bücher, das ständig erweitert und ausgebaut wird, schafft völlig neue Zugänge zur Literatur, die gerade computerbegeisterten Kindern einen Weg zum Lesen eröffnen. So bieten z. B. CD-ROM-Spiele zu den beliebten TKKG-Krimis anspruchsvolle und interessante Variationen. Anders als Bücher erfordern diese mehr Eigenaktivität, da sie ermöglichen, Handlungsalternativen zu erfinden und mit dem Stoff zu spielen. Das alles aber nicht in der abstrakten Form, die der Schrift eigen ist, sondern unterlegt und begleitet von Bild und Ton. Mehrere Sinne werden angesprochen und Erfahrungen, die viele Kinder beim Fernsehen erwerben, kommen zum Tragen. Das Gefühl, selbst für die Handlung verantwortlich zu sein und sich wie ein Autor betätigen zu können, hat etwas Verlockendes gerade für solche Kinder, die meinen, Lesen wäre eine passive Tätigkeit.

Aber auch Bücher, in denen es um Computer geht, wecken über ausschnittsweises Vorlesen das Interesse.

Es gibt etliche Menschen, sowohl Kinder als auch Erwachsene, die gut lesen können, sich aber nicht für Bücher interessieren. Sie haben eine Abneigung gegen das Lesen, und jeder weitere Vorstoß verleidet es ihnen noch mehr. Das müssen Buchliebhaber akzeptieren, auch wenn es ihnen schwer fällt. Daniel Pennac, französischer Lehrer und Autor, der viele Erfahrungen mit Jugendlichen hat, plädiert deshalb für das Recht, „nicht zu lesen". ◀

▶ **Bieten Sie Ihrem Kind CD-ROMs zu solchen Büchern an, die es früher gerne gelesen hat.**

▶ **Informieren Sie sich gemeinsam mit Ihrem Kind über elektronische Bücher und CD-ROMs.**

▶ **Ihr Kind hat auch das Recht nicht lesen zu wollen.**

Heide Niemann (2002):
Mit Bilderbüchern Englisch lernen.
Kallmeyer.

Allan Ahlberg:
Chicken, Chips and Peas.
Longmann. 8,28 Euro.

Anthony Brown:
Willy the Dreamer.
Walker. 9,94 Euro.

Emma Chichester Clark:
Where Are You, Blue Kangaroo?
Collins. 6,13 Euro.

Joy Gosney:
Naughty Parents.
London: Bloomsbury. 8,28 Euro.

Charlotte Voake:
Pizza Kittens.
Walker. 9,94 Euro.

Abbildung aus Joy Gosney (2000): Naughty Parents. London: Bloomsbury.

32. Stefanie will schon englische Bücher lesen.

SELBSTLESER

▶ **Stefanie war schon immer lesebegeistert. Jetzt ist sie in der 4. Klasse und lernt seit zwei Jahren Englisch. Sie will nun unbedingt englische Bücher lesen.**

Im Englischunterricht in der Grundschule steht nicht grammatikalisches Wissen, sondern die Freude an der Sprache und das Umgehen damit im Mittelpunkt. Sprechanlässe verlangen ein reiches Angebot unterschiedlicher Lernangebote, und dabei spielen Bilderbücher eine wesentliche Rolle. Wenn Kinder erfahren, dass sie die Sprache auch wirklich anwenden können und etwas verstehen, was ihnen sonst vorenthalten bliebe, erhöht das ihre Freude am Sprachenlernen. Erste Erfolgerlebnisse stellen sich schon beim Blättern in englischen Bilderbüchern ein, wenn das Kind einzelne Wörter, vielleicht auch kurze Sätze wiedererkennt. Daneben kommt die Entdeckerfreude zum Tragen bei Texten, die direkt dem Bild zugeordnet sind, wie z. B. bei *Willy The Dreamer*.

Es gibt unzählige geeignete englische Bilderbücher für Kinder, die gerade begonnen haben, Englisch zu lernen. Etliche davon kennen Kinder in der deutschen Übersetzung, ohne zu wissen, dass es sich um ein englisches Buch handelt. Es macht deshalb Sinn, die Originalfassung zu betrachten, z. B. bei *Die kleine Raupe Nimmersatt, The Very Hungry Caterpillar*.

Viele Bilderbücher zeichnen sich durch witzige, komische Elemente aus, z. B. *Chicken, Chips and Peas* oder *Naughty Parents*, beides auch Bücher mit kurzen Sätzen. Das Kind soll nicht die Texte im Buch lesen, das wesentliche Moment ist, der Sprache in einem sinnvollen Kontext zu begegnen, um so auf sie neugierig zu werden. Wenn Eltern ihr Kind nicht überfordern durch Hinweise und Erklärungen, für die es noch gar nicht bereit ist, bauen sie eine Motivation für das Sprachenlernen auf, die lange anhält. ◀

▶ **Kaufen Sie englische Bilderbücher für Ihr Kind.**

▶ **Blättern Sie gemeinsam mit Ihrem Kind in den Büchern.**

▶ **Geben Sie nur Hinweise auf Wörter oder Sätze, wenn Ihr Kind dazu Fragen stellt.**

Mädchenbücher

In traditionellen Mädchenbüchern erfüllen die Mädchen Rollenklischees: angepasst, eher passiv und abwartend. Der Markt hält aber inzwischen ein großes Angebot bereit von Büchern, in denen Mädchen diese Rollen aufbrechen. Sie treten aktiv, selbstbewusst und fordernd auf und Jungen und Mädchen werden differenziert dargestellt.

Milena Baisch (2003): Die Verschwörung der frechen Mädchen. Loewe. 6,90 Euro.
Ellen und Laura sind auf ihren Fahrrädern unschlagbar. Da hat der Angeber Kai im Wettrennen keine Chance gegen sie. Doch dann ist Ellens Rad verschwunden – kurz vor der Fahrradprüfung in der Schule. Ob Kai etwas damit zu tun hat?

Georgia Byng (2003): Molly Moon. Hanser. 14,90 Euro.
Mutig stürzt sich Molly in Abenteuer, die sie sogar nach New York bringen, wo es ihr gelingt, einen Verbrecher zu überlisten.

Kate DiCamillo (2002): Winn-Dixie. Dressler. 9,90 Euro.
Die zehnjährige India Opal und ein verwaister Hund schließen Freundschaft und erleben gemeinsam Kummer und Freude

Cornelia Funke (1998): Verflixt und zugehext. Loewe. 7,50 Euro.
Alma Kamille hat Pech beim Hexen. Sie hat sich winzig klein gezaubert! Dagegen helfen nur Katzenhaare, die muss Mini-Alma jetzt besorgen.

Cornelia Funke (2002): Emma und der blaue Dschinn. Dressler. 9,90 Euro.
Ein Flaschengeist entführt Emma in den Palast des Kalifen, dort findet der Kampf gegen den blauen Dschinn statt.

Dagmar Geissler (2003): Wandas geheime Notizen. dtv junior. 10,10 Euro.
Wanda ist ein impulsives Mädchen, das mit seinen Fehlern kämpft.

Martha Heesen (2003): Dringend und wichtig. Fischer. 9,90 Euro.
Für Anastasia ist die Freundschaft mit Adam wichtiger als die Mädchenfreundschaften, zu denen ihre Mutter sie überreden will.

Eva Ibbotson (2003): Maia oder Als Miss Minton ihr Korsett in den Amazonas warf. Dressler. 13,90 Euro.
Aus dem englischen Internat an den Amazonas – mit ihrem Interesse an allem Neuen meistert Maia viele schwierige Situationen.

Doris Meißner-Johannknecht (2003): Leas neues Kuscheltier. Oetinger. 5,90 Euro.
Lea hat ein großes Geheimnis. Es wohnt in ihrem Bettkasten, heißt Basil und ist eine zahme Ratte. Davon darf aber niemand wissen, denn Leas Mutter mag keine Haustiere und Ratten schon gar nicht.

Jungenbücher

Jungen, die immer nur stark sind, keine Angst haben, genau wissen, was zu tun ist – solche Helden stehen oft im Mittelpunkt typischer Jungenbücher. Derart einfache Erzählmuster sind in vielen neueren Büchern aufgebrochen. Dort dürfen und können die Jungen auch Gefühle zeigen. Häufig sind sie auf Mädchen angewiesen, und es entsteht ein gleichberechtigtes Verhältnis der Geschlechter zueinander.

Carli Biessels, Wolf Erlbruch (2002): Benni und die Wörter. Beltz. 5,90 Euro.
Benni kann einfach nicht verstehen, warum das geschriebene Schaf nicht aussieht wie ein Schaf. Die Lehrerin weiß nicht, wie sie ihm helfen kann, aber Benni findet für sich eine Lösung. Mutmachgeschichte für alle, die Probleme mit der Schrift haben.

Sharon Creech (2003): Der beste Hund der Welt. Fischer. 10,90 Euro.
Jack schreibt, gewissermaßen gegen seinen Willen, Gedichte und bearbeitet so den Tod seines Hundes Sky.

Cornelia Funke (1996): Der Mondscheindrache. Loewe. 6,50 Euro.
Eines Nachts ist Philipp nur noch daumengroß und muss sich gemeinsam mit dem Mondscheindrachen vor dem Weißen Ritter verstecken.

Michael Morpurgo (2003):
Das schlafende Schwert. König Artus, Excalibur und ich. Dressler. 9,90 Euro.
Seitdem Bun blind geworden ist, hat sich sein Leben stark verändert, er nimmt andere und auch sich selbst ganz anders wahr.

Angela Nanetti (2002): Mein Großvater war ein Kirschbaum.
Patmos. 9,90 Euro.
Toninos Großeltern wohnen auf dem Land. Er erlebt mit ihnen Lebensfreude, aber auch Kummer und Leid.

Selma Noort (2003): Immer diese Dickköpfe.
Verlag Freies Geistesleben. 12,50 Euro.
Die Alltagsbegebenheiten im Leben von drei Geschwistern, einem Mädchen mit zwei älteren Brüdern, wecken Gefühle wie Wut, Angst, Freude, Unsicherheit.

Iva Procházková (2003): Elias und die Oma aus dem Ei.
Sauerländer. 13,90 Euro.
Elias Eltern haben kaum Zeit für ihn. Da sucht er sich selbst eine klitzekleine Oma, die immer für ihn da ist und mit der er liebevoll umgeht.

Louis Sachar (2003) Bradley letzte Reihe, letzter Platz.
Hanser. 14,90 Euro.
Bradleys Weg vom ungeliebten Außenseiter zum akzeptierten Mitschüler ist einfühlsam, aber auch komisch und witzig erzählt.

Annika Thor (2003): Ein rotes Herz, ein blauer Schmetterling.
Carlsen. 7,90 Euro.
Erstes Verliebtsein, das für das Mädchen und den Jungen gleichermaßen kribbelnd, schön und neu ist.

Kjersti Wold (2003): Fußballgötter fallen nicht vom Himmel.
Carlsen. 12,50 Euro.
Aus einem sehr kleinen, stets gehänselten Jungen wird ein guter Fußballer mit einem gesunden Selbstbewusstsein .

Kontaktadressen

ALEKI
Arbeitsstelle für Leseforschung und Kinder- und Jugendmedien
Universität zu Köln
Bernhard-Feilchenfeld-Str. 11
50969 Köln
Internet: www.aleki.uni-koeln.de

Arbeitskreis für Jugendliteratur e. V.
Metzstraße 14 c
81667 München
Internet: www.jugendliteratur.org

Stiftung Lesen
Fischtorplatz 23
55116 Mainz
Internet: www.StiftungLesen.de

Hits für Kids – Das Bücher-Medien-Magazin.
Mainstr. 2,
65462 Gustavsburg
Internet: www.hitsfuerkids.de

LesArt
Berliner Zentrum für Kinder- und Jugendliteratur
Weinmeisterstr. 5
10178 Berlin
Internet: www.t-online.de/home/Les_Art

Zentrum Lesen
Fachhochschule Aargau
Küttigerstraße 42
CH-5000 Aarau
Internet: www.llfb-ag.ch

Stichwortverzeichnis

Bilderbücher .... 13, 24, 38 f., 62, 65
Bücherei/Bibliothek 17, 37, 39, 57, 74, 77, 79, 85

CD-ROM 21, 61, 69, 79, 89
Computer 5, 9, 21, 59, 61, 79, 89
Comics 9, 13, 17, 45, 87

Erfolgserlebnis 49, 69, 73

Fehler 21, 49
Fernsehen 19, 55, 61, 89

Illustrationen 17, 25, 29, 31, 39, 47, 51, 57, 67, 83
Interesse/Leseinteresse 13, 21, 31, 33, 41, 45, 51, 57, 65, 69, 75, 79, 81

Jungen .... 9, 15, 21, 79, 93 f.

Kassetten 23, 63, 75, 79

Leseentwicklung 27, 37, 47, 63, 65, 71, 81, 87
Leseförderung 9, 21, 27, 63, 73
Lesenlernen 27, 31
Lesesozialisation 27, 79
Lust am Lesen/Leselust 5, 11, 17, 49, 53, 73, 79

Mädchen .... 9, 15, 69, 79, 92 f.

Sachbuch 13, 65, 79, 80
Schrift 11, 13, 31, 41, 49, 53, 67, 69, 89, 94

Üben 23, 49, 59, 71

Vorlesen 5, 11, 23, 25, 27, 31, 33, 35, 42, 43, 49, 59, 61, 63,
                                                                                                      69, 77, 83, 89